아름
다운
선물

아름다운 선물

지은이 이상민
펴낸이 임상진
펴낸곳 (주)넥서스

초판 1쇄 발행 2018년 2월 15일
초판 2쇄 발행 2018년 2월 20일

2판 1쇄 인쇄 2018년 12월 20일
2판 1쇄 발행 2019년 1월 5일

출판신고 1992년 4월 3일 제311-2002-2호
10880 경기도 파주시 지목로 5 (신촌동)
Tel (02)330-5500 Fax (02)330-5555

ISBN 979-11-6165-555-0 03320

본 책은 《대한민국 시급전쟁》의 개정판입니다.

가격은 뒤표지에 있습니다.
잘못 만들어진 책은 구입처에서 바꾸어 드립니다.

www.nexusbook.com
지식의숲은 넥서스의 인문교양 브랜드입니다.

아름다운 선물

이상민 지음

지식의숲

시급 1만 원, 그 이상도 가능하다

"상민아, 시급 1만 원? 꿈도 꾸지 마!"

신문 배달부터, 음식점, 일용직, 계약직, 판매, 교육, 제조, 서비스 등 10년간 시급 생활을 하면서 사장들에게 제일 많이 들었던 말이다.

사장들은 "늘 돈을 위해 일하지 말라"고 하지만, 나는 항상 시급에 끌려다니기에 바빴다. 땀 흘려 번 돈을 모아 힘든 나날을 보냈고, 정부에서 최저임금을 조금이라도 올려줄 것 같으면 잠시나마 기뻤다.

하지만 그마저도 몇 개월 지나면 일자리가 없어지거나 물가만 더 올라갔다. 나는 점점 힘들어졌고, 더 나은 시급과 조건을 쫓아다니며 10년을 살아왔다.

'나라면 풍족한 시급을 주며, 행복한 일터를 만들어볼 수 있지 않을까?'

숱한 고민과 결정 끝에 2007년 창업의 문을 열었고, 월급쟁이 10년 만에 시급을 주는 사장으로 자리바꿈을 하였다.

하지만 사장이라는 직책 아래 10년간 회사를 경영하며 임직원들에게 가장 많이 들었던 말은 다름 아닌 "사장님, 제 시급 언제 올려주세요?"였다.

사장이 되면 행복할 줄 알았는데, 더 많은 빚만 늘어가고 막중한 책임과 스트레스가 온몸을 짓눌렀다. 편두통과 허리디스크 등 없던 병까지 생겨나며 조여오는 극심한 시달림에 나는 끊임없이 힘들었다.

받는 입장에서 보면 제일 더디게 돌아왔던 급여일이, 주는 입장이 되니 늘 쏜살같이 찾아왔다.

"벌써 급여 날인가?"

고작 1~2주쯤 지났겠거니 하며, 걱정스런 마음에 미리 통장 잔액을 들여다보는 것도 이젠 습관이 돼버렸다. 임직원이 볼세라 항상 밝게 웃고 있지만, 속은 남 몰래 타들어 가고 피 말리는 경영이 10년간 이어졌다.

끊임없이 오르는 최저임금을 감당하지 못하기도, 초과 수당, 주말 수당, 주휴 수당을 제때에 못 주는 날들도 있었다.

뿐만 아니라 약속일에 상환하지 못한 채무로 신용 불량과 더불어 부도 위기는 10년 내내 단골손님처럼 찾아왔다.

　이대로 가다간 망할지도 모른다는 간절한 심정으로 나는 하루하루 뛰어다니며 돌파구를 찾고, 끊임없는 변화도 시도했다. 시급을 받는 입장이 된 10년에 비해, 주는 입장이 된 10년은 상상도 못할 일들이 벌어지고 있었다.

　2017년 7월 15일.

　이날따라 유난히 최저임금 이야기로 언론이 떠들썩했다.

　과거 20년 전부터 지속되는 최저임금 이야기는 선거철이 다가오거나 정권이 바뀌면 더욱 출렁거린다. 그들은 시급 1만 원이란 달콤한 소재로 순진한 대중을 설레게 만든다.

　언론은 더 많은 시청률을 위해, 정부는 더 많은 표를 위해 대중을 유혹한다. 최저임금법은 결국 갑과 을이 아닌, 을(최저임금자)과 을(중소기업인, 소상공인)의 싸움임을 모두가 아는 사실이지만 정부는 늘 그 자리에 머물러 판단을 내렸다.

　'시급 1만 원이란 물고기보다, 물고기 잡는 법을 알려주는 사람은 없는 것일까?'

그 누구도 속 시원히 해결해주지 못했다. 주위에서는 괜찮은 회사로의 이직이나 공무원, 대기업을 추천해줄 뿐이었다. 더 나은 조건을 쫓아다니는 우리의 현실은 아무도 모르게 소모품이 되어가는 것만 같았다.

나는 한 번 몸담은 곳에서 조직과 함께 성장하고 싶었지만, 그러한 조직은 쉽게 찾을 수도 만들 수도 없었다.

시급 1만 원! 그 이상도 함께 만들어갈 수 있는 방법을 간절히 찾고 싶었다. 그리고 나는 시급 생활 10년, 경영 생활 10년이 지난 지금에서야 비로소 기적 같은 답을 찾았다.

이 해법을 찾지 못했다면 우리 회사는 실패의 늪에서 헤어 나올 수 없었을 것이다.

이제 이 방법을 더 많은 사회의 조직과 공유하고 싶다. 상생의 사회로 나가는 지름길을 보다 더 많은 사람들과 나누고 싶다. 20여 년간 숱한 실패와 성공의 경험에서 체화된 이 방법을 외면하면 과거 나처럼 20년간 악순환을 반복할 것이다.

하지만 이 방법을 조금이나마 배워서 적용하는 사람은 시급 1만 원뿐 아니라, 그 이상의 즐겁고 행복한 일터 만들기 대열에 합류할 것임을 믿어 의심치 않는다.

이제 시급 1만 원도 즐겁게 만들어가는 우리 회사 이야기부터 꿈의 일터를 만들어가는 이야기까지, 나만의 20년 노하우를 세상에 알려주고자 한다.

새로운 국가, 나라다운 나라를 펼치겠다는 이 정부에서 국민들에게 계속 물고기만 주려고 한다면 우리의 희망은 사라지고 말 것이다.

20년간 몸소 체험한 경험과 통찰로 혼란스런 시급 사회의 본질을 뒤집어놓고 싶다. 그리고 과거의 물음표를 마침표로 찍고, 사이다 같은 시원한 해결책을 알려주고자 한다.

해마다 반복되는 노동계, 경영계, 정치계의 형식적 대타협이 아닌, 누구나 쉽고 빠르게 실천할 수 있는 문화를 만들어, 희망찬 대한민국의 미래를 그려본다.

앞으로 20년은 세계에서 가장 모범적이고 존경받는 기업을 만들고, 우리보다 더 좋은 사례를 많이 만들어 작은 조직이 강한 나라, 꿈의 일터, 행복한 일터가 많은 대한민국을 기대해본다.

우리는 기쁠 때나 슬플 때나 위기 때마다 하나 되어 변화해온 저력 있는 대한민국 국민이다.

그 저력으로 단순히 받기만 하고 요구만 하는 집단행동이 아닌, 지혜롭고 현명하게 하나 되는 방법을 실천할 때다.

시급 1만 원, 그 이상을 꿈꾸는 대한민국 98%의 중소기업 소상공인 모든 임직원들 그리고 청년들에게 이 책을 선물한다.

이상민

PART ④   물고기 잡는 법!

PART ⑤   시급 1만 원, 그 이상을 넘어!

꿈을 향한 몰두와 열정을
오로지 시간으로 대가를 받는 것.
이는 자본주의 사회의 모순이었다.
시간당 임금인 시급은
나의 꿈과 열정을 위해서는 잠시 잊어야 하는 존재였기 때문이다.
어쩌면 우리는 지금까지 시급, 월급, 연봉을 주고받는
고정관념에 얽매여 있는 것은 아닐까.
10년의 시급 생활 동안 나는 더 높은 시급을 만들어가는
방법에 대해 늘 고민했다.

PART 1

간절했던 시급 생활

도화지 속 펼쳐진 무한한 세상

초등학교 2학년 때 미술에 소질을 보인다고 부모님은 나의 손을 잡고 미술학원으로 데려갔다. 대회 입상을 시작으로 미술에 입문을 한다.

그 당시 처음 그린 '동물원의 기린' 그림을 놓고 남들과 달리 현실적인 면과 창의적인 면을 조화롭게 그렸다고 칭찬을 받은 일이 기억난다.

하얀 도화지 위에 나만의 세상을 그리기 시작하면, 상상하지 못할 세계가 무한히 펼쳐졌다. 미술에 대한 매력은 초등학교 저학년 시절 학원을 다니면서 더욱 뚜렷해졌다.

미술학원 원장님은 멋진 콧수염에 자신의 작업실에서 매일 낭만적으로 그림을 그리는 분이었다. 나는 그 모습을 보고, 무작정 선생님을 따라 화가가 되고 싶었다. 정확히는 미술 작가의 꿈이 생긴 것이다.

'나만의 상상력에 날개를 달아 도화지 속에 마음껏 표현해보자.'

화방에서 내가 선호하는 미술도구를 사고 팔레트에 넣을 물감도 구입하여 채워갔다. 도화지 속 그림 한 장을 그리기 위해서는 20여 가지의 색들이 빠짐없이 팔레트에 채워져야 했다. 어느 한 색깔이라도 부족하면 그림을 그릴 수 없었다.

가끔 여러 색들을 혼합하여 비슷한 색을 만들기도 했지만, 원색의 느낌보다 못한 탁한 색이 나올 뿐이었다.

이러한 습관 덕분일까, 훗날 팔레트의 법칙을 만들어 경영의 원칙을 하나하나 채워가는 데 유용하게 활용했다.

이렇게 나는 미술을 배우는 7년 동안, 수많은 관찰력과 창조력을 익혀 나갔다. 발코니에서 우리 마을을 배경 삼아 수채화를 그리고 있노라면, 왠지 마음이 편안해졌다.

도화지 속 수채화를 하나하나 완성할 때마다 더 나은 색감의 조화와, 꼼꼼한 관찰력이 나도 모르게 생기기 시작했다. 더불어 학창시절 다양한 미술대회에 입상을 하며 인정도 받았다.

미술 덕분에 늘 즐겁고 행복한 나날이 계속 될 무렵, 문뜩 친구 한 명이 꿈에 대해 물었다.

"상민아 넌 꿈이 뭐니?"

"내 꿈은 화가야!"

"화가? 화가는 가난하다던데. 안정적이고 돈 잘 버는 일을 생각해 보는 게 어때?"

"돈?"

예나 지금이나, 성인이든 아이든, 남자든 여자든, '돈'은 공통된 관심사였다. 나는 오로지 그리는 것을 좋아했기 때문에 수많은 작품에 무한한 가치를 넣어 의미를 전달하고 싶었다. 하지만 현실 속 화가는 인정받지 못했고, 주변 사람들은 예술가는 가난하다고 치부했다.

오로지 미술 작가는 고인이 되고 나서 희소성과 숨은 가치 그리고 평가 등이 더해져 값이 올라갈 뿐이었다.

그렇다. 화가의 시급은 없었다.

화가의 일에는 시간당 급여, 월급, 연봉을 계산할 수 없던 것이다. 미술학원 원장님은 가끔 이런 말을 했다.

"상민아, 화가는 가난과 싸워서 예술적 가치를 만들어 가야 한단다."

그 당시 나이로는 그림 잘 그린다고 인정받는 게 좋고 재미있을 뿐 그 말의 의미를 알지 못했다. 훗날 어른들은 그림에 대한 가치를 '돈'이라고 불렀다.

그림을 팔 수 있을 정도의 예술작품은 손에 꼽을 정도의 실력가가 아니면 인정해주지 않았다.

나는 오직 돈이 안 된다는 이유로 나의 순수한 꿈을 접어야만 했다. 수입이 확실치 않아 결국 미술을 포기해야만 했던 것이다.

어른들의 기준으로 어릴 적 순수한 꿈에 시간과 돈 때문에 한계를 두고 쉽게 물거품으로 만들었다. 어른들의 고정관념과 함께 잊혀지고 있었던 것이다.

결국 초 · 중학교 7년간의 화가의 꿈을 포기하고, 다른 친구들과 같이 대한민국의 평범한 입시의 배에 탑승하였다. 하지만 내 마음 한켠에 늘 도화지 속에 그림을 그리고 싶었다.

우연의 일치일까. 끊임없는 갈망의 결과일까. 10년의 시급 생활을 지나, 10년의 경영 생활을 하면서 '세상을 도화지 삼아 경영'하고 있는 나를 발견했다.

한낱 취미생활로 남겨질 만했던 미술이 도화지 속 수채화가 아닌, 세상 속에서 나만의 세계를 그리는 경영자로의 변신을 도운 것이다.

끊임없는 관찰력과 통찰력, 창조력과 섬세함, 색감의 조화와 직관적 디자인의 중요성은 나만의 평생 습관이 되었다.

그리고 그러한 습관은 내 인생의 소중한 습관이 되었고, 나만의 성공 별자리를 만들 수 있는 소중한 별이 된 것이다.

누군가는 꿈을 포기했다고 부정적으로 말하고 있을 때, 지금의 나는 도화지가 아닌, '세상 속에서 그림을 그리는 경영인이다'라고, 자신 있게 말한다.

200원의 눈물

"엄마, 용돈 좀 주세요!"

집안일, 갖은 애교 등 다양한 방법으로 학창 시절 누구든 부모님께 용돈을 받는다. 하지만. 고등학교 시절 나의 용돈은 또래 친구들이 상상도 못할 금액이었다. 주급 200원. 20년 전이라 200원의 가치는 크지 않았을까? 하지만 지금의 약 1,000원의 가치. 정확히 17살 고등학교 시절의 용돈이었다.

당시 친구들의 용돈은 몇 천 원에서 많게는 몇 만 원이었으니 200원이란 상대적 가치는 얼마나 적었는지 짐작할 수 있다. 지금 생각해봐도 남들과 비슷한 수준의 평범한 가정이었는데 부모님은 기필코 주 200원만 주셨다. 내가 모르는 부모님의 말 못한 사정이 있는 걸까? 아니면 일부러 그러시는 걸까?

어린 시절 나는 부모님에 대한 미움과 원망을 한없이 했다. 학창 시절 주위 친구들에게 말도 못하고, 학교 매점을 가더라도 따라가지 않았고, 간식을 먹더라도 함께하지 않았다. 친구들에게 맛있는 간식을 사주지도, 나 또한 사먹지 못했기 때문이다. 그리고 돈에 대한 진지한 고민이 그때부터 시작됐다.

'이렇게 돈으로 힘들 바에는 자살이라도 할까?'

나는 그때마다 마음을 다시 먹곤 했다.

'이까짓 돈 때문에 하고 싶은 일을 못하고 죽을 바에는 무한하게 돈 버는 방법을 찾아보자.'

나는 어느 순간 오기가 발동하기 시작했다. 부모님을 원망하고 미워할 수밖에 없었지만 스스로 아픈 만큼 한층 더 성장한 것이었다. 이런 일촉즉발의 상황을 아셨는지 모르셨는지 눈 하나 깜짝하지 않는 분이 있다. 바로 어머니다. 아침이면 잠이 덜 깬 나에게 장난을 거시며 깨워주셨고, 밤에는 함께 누워 포옹하며 잠을 청하기도 하셨다. 그리고 늘 이런 말씀을 하셨다.

"상민아, 부모로서 못 도와줘서 미안하다."

어머니의 이 말 한마디는 내 삶의 방향을 위해 스스로 고민하게 만들었다. 어쩌면 나는 수없이 많은 잘못을 하고도 사과 한마디 못할 나이였지만, 어머니는 어린 나에게 진심어린 사과의 말을 늘 해주셨다.

그 말을 들은 나는 스스로 자생할 수 있는 돌파구를 찾기 시작했다. 부모로서 한없이 베풀어주려 했지만, 그 이상을 요구할 때는 다른 방법을 찾을 수 있게 인도해주신 것이다. 진심 어린 말 한마디는 상대방을 변화시킬 수 있는 놀라운 힘을 가지고 있었다. 그리고 내 인생의 길을 스스로 밝히게 인도해주셨다. 당시 나는 한숨만 푹푹 내쉬며 다른 돌파구를 찾기 바빴지만, 지금 돌이켜보면 그 용기 있고 소중한 말 한마디에 부모님의 위대함과 진심 어린 사랑을 느낀다.

중고등학교 시절 다 컸다고 생각한 사춘기 나에게 즐겁고 쾌활하고 긍정적인 마음만큼은 잃지 않게 늘 나에게 귀띔해주셨다. 잠들기 전, 잠에서 깨어날 때 늘 옆에서 되뇌어주신 것이다.

나는 돈을 생각하면 항상 원망스럽고 서운했지만 보이지 않는 믿음과 사랑은 하나둘 쌓여갔다. 자식에 대한 도리인지, 교육인지, 실제로 그렇게 어려워서인지는 당시 잘 알지 못했지만 아픔으로 더욱더 성숙해질 수 있었다.

청소년기 함께 살고 계셨던 할머니의 갑작스러운 죽음이라는 충격, 그리고 미처 다 못 해드린 효도, 죽음 뒤에 이어지는 부모님의 자식 된 도리에 대한 반성 그리고 나에게까지 전이되는 가족의 교육.

과거의 힘들었던 기억이 지금은 웃으며 이야기할 수 있는 것처럼, 어쩌면 지금 우리에게 한없이 큰 아픔도 아픈 만큼 성숙한 추억이 되는 순간이 올 것이다. 지금 이 순간의 아픔에 감사하고 성장하고 있는 것임을 확신해야 한다.

20년이 지난 지금, 일흔이 다 되신 부모님은 절대 200원의 용돈을 준 적이 없다고 잡아떼시지만, 나는 일기장에 서러운 눈물자국과 비뚤비뚤한 글씨를 보고 가끔 미소를 머금는다. 부모님이 보여주시는 가정교육 속에서 100원이 얼마나 소중한지를, 100원 만들기가 얼마나 어려운지를, 100원보다 더 위대한 사랑과 교육이 있다는 것을 어린 시절 어렴풋이 배워나갔다.

현실의 바다 속으로

미술에 대한 꿈을 접고 나니, 부족한 용돈과 어려운 경제적 상황을 벗어나기 위해 험난하면서도 수많은 시급 생활이 시작됐다.

삐삐 문화를 거쳐, 우리나라에 처음으로 도입된 피시방 문화를 새롭게 접하기 시작했다. 그리고 나는 1998년 피시방 1세대로서 새로운 세상에 동참했다.

서로 모르는 사람들과의 온라인 채팅도 하고, 친구들끼리 함께 만나서 게임을 하며 소통 문화를 즐기기 시작했다.

지금이야 평범한 이야기지만 피시방의 붐이 일어나면서부터 고등학교 시절의 나는, 컴퓨터로 세상을 연결하고 소통하는 것의 신세계를 경험했다.

당시 학생 신분에서의 유일한 재미와 간접적 수입원은 오로지 게임

뿐이었다. 피시방 1세대로서 누구보다도 게임을 사랑하는 사람의 입장을 알고 프로게이머라는 새로운 직업도 진지하게 고민해보았다.

이기석, 임요환, 기욤 패트리 등 이름만 들어도 함께하고 싶은 프로게이머들이 나에겐 우상이 되었고 그들을 따라하기 위해 밤새도록 피시방에서 노력하여 온라인 전국 랭킹 17위라는 성과도 얻었다.

공부보다 피시방에서 날을 새가며 게임에 집중했던 시기, 학창 시절 누구나 한번쯤은 겪었던 놀이 문화에 누구 못지않게 열정적으로 빠져든 것이다.

그러다보니 대입 수험생활을 전념하지 못했던 건 예상했던 바였다. 하지만, 부모님과 어른들의 입장에서가 아닌, 그 당시 내가 기록한 일기를 보니 피시방과 게임이 나의 전부로 기록되어 있었다. 사실 이때부터 나는 용돈 외에 게임을 통한 수입의 목표가 생겼다. 온라인의 상대들과 대전을 할 때마다 두근거렸다.

그리고 상대를 이김으로써 랭킹을 하나씩 올리는 것이 뿌듯했으며, 학생 신분으로서는 꽤 큰 피시방 한 달 무료 이용권, 대회 입상 상금 등 매력적인 목표들을 남몰래 실천해 나갔다.

상대를 이기기 위해서 보다 더 빠른 단축키 사용법과 효율적 전략을 세워 수많은 연습을 했고, 기지 확장을 위한 자원의 중요성, 끈질기게 버텨내는 근성으로 승리를 얻기까지 다양한 기술들을 섭렵해나갔다.

당시 어른들은 한심하다고 느낄 만한 게임이야기가 내게는 인격 형성에 중요한 바탕이 되어갔다. 이런 경험이 나에게 귀중한 습관을 만들었다.

키보드 단축키 사용은 남들보다 뛰어난 컴퓨터 사용 능력과, 효율적 문서 작업 능력들을 배양시켰으며, 이후 대학, 군대, 사회생활에서도 인정을 받았다. 전략의 수립은 팀 경영 전략을 세울 때 항상 기본 바탕이 되었다. 게임의 전략이든 경영 전략이든 매한가지였다.

또한 게임에서의 멀티(multi) 확장은 시급 생활에서의 다양한 수입을 위한 투잡 쓰리잡으로 연결됐고, 경영 생활에서는 다양한 매출의 수입원에 적용할 수 있었다.

즉 자원(수익)이 되는 사업에 집중할 수 있었으며, 그만큼 전략적으로 사업을 확장한 것이다. 또한 게임에서의 집념과 끈기도 사회생활의 기본적인 소양으로 파생되어나갔다.

철없이 익혔던 게임의 기술이 추후 이런 공부가 될 수 있었다는 사실이 놀라웠다.

피시방에서의 생활은 20년 뒤에 모든 ICT 기반의 4차 산업의 원천이 되고, 중소 식품회사에서는 드물게 소프트웨어 개발부서를 신설하게 된 원동력이 되었다. IT개발회사에서나 볼 수 있는 소프트웨어 개발팀을 우리의 조직에 도입시킨 것이다. 어른들의 눈으로는 한심하게만 보이는 게임생활이 그들의 시선으로 볼 땐 새로운 세계를 펼쳐내고, 세상을 바꿀 수도 있다.

준 프로게이머라는 업을 하며 방황했던 학창시절을 마치고 수능이 끝나면서부터 본격적인 시급 생활을 시작했다. 나에게 전부였던 게임은 더 젊고 새로운 실력자에게 한계를 느끼고 다른 길을 찾게 되었다.

당시 내가 거주했던 전주는, 타 지역보다 음식 솜씨가 좋기로 유명한 고장이다.

그래서인지 경쟁도 치열하고 맛집도 많다. 가장 친숙하고, 많이 보이고, 서민적인 것이 바로 음식점 알바. 나는 자연스레 첫 번째 알바를 우리 동네 음식점부터 시작했다. 이 알바를 시작으로 여러 가지 일을 배워가며 추후 농생명 산업에 종사할 줄은 그 당시 나로서는 상상할 수 없었다.

당시 나는 서빙, 주방, 접객, 배달 등 모든 음식점의 일을 배우기 시작했다. 하지만 그때는 전체적인 것을 볼 줄 모르고 우선 내가 받는 시급부터 눈에 들어왔다.

"3시간 하면 1만 원 줄게." 음식점 여사장님은 나를 고용했다. 당시 최저임금은 2,000원대인데 시급 3,333원이라면 오케이! 남들보다 짧고 굵게 일하는 뿌듯함은 잠시, 일의 강도가 남달랐다.

배달부터, 서빙, 조리 보조까지 알바를 하면서 음식점 경영의 모든 일을 도맡아 해야만 했다. 음식점을 시작으로 나는 다른 친구들이 싫어하는 일, 어렵고 힘든 일을 골라서 해보았다.

왜 사람들은 어렵고 힘든 일이라고 하지? 왜 이 일이 3D업종이라고 하지?

대부분의 사람들이 반대할 때 난 현장에서 부딪히며 내가 배울 수 있는 무엇을 찾기 시작했다. 즉, 다른 사람들은 힘들다고 할 때 다른 생각으로 접근한 것이다.

작은 음식점부터 시스템이 잘 갖춰진 패스트푸드점까지, 신문배달

뿐 아니라, 예식장, 구두닦이, 건설 일용직, 임시 계약직까지, 심지어 일명 지하철 잡상인이라 불리는 것도 도전해보았다.

동대문 시장의 의류를 가지고 와서 판매도 해보고, 교육 서비스업, 제조업, 상담원 등 수많은 업종의 시급 생활 세계로 빠져보았다. 나는 현실의 바다 속에서 더 좋은 조건, 더 좋은 경험을 위해 늘 새롭게 적응하려 했다.

"상민아, 돈이 전부는 아니야."

사장님들은 늘 돈에 끌려 다니던 나에게 이렇게 충고해주셨지만, 항상 더 나은 시급과 더 나은 조건에 업을 바꾸기에 바빴다. 이렇게 땀 흘려 번 돈을 모아 하루하루를 보냈고, 정부에서 최저임금을 조금이라도 올려준다는 정보가 나오면 잠시나마 기뻤다. 하지만 그마저도 몇 개월 되지 않아 일자리가 없어지거나 물가만 더 올라갔다. 나는 점점 불행해졌고, 더 나은 시급과 조건을 쫓아다니며 보내야만 했다. 어떤 일을 해야 돈을 풍족하게 벌 수 있을까? 내가 평생 쓰고도 부족하지 않는 돈을 벌 수 있을까? 오로지 시간 대비 돈의 시급만 생각했다.

힘들지만 돈을 많이 버는 일을 할까? 조금 부족하지만 내가 하고 싶고 배우고 싶은 일을 할까? 아니면 그 누구나 원하는 평생 탄탄하고 안정적인 일을 할까? 주변은 나에게 혼란스런 조언만 해줄 뿐이었다.

돈을 많이 버는 직업군의 행복지수는 낮아, 불행한 사람들이 많았고, 꿈을 위한 직업군의 행복지수는 높았지만, 쪼들리는 삶을 사는 사람들이 많았다.

또한 안정적인 직업군은 수천 대 일의 경쟁률을 뚫기 위해 비장한

준비로 달려들어야 했다. 그 어떤 것이든 공짜는 없었고 만만치 않았
다. 나의 꿈은 혼란스러웠지만 하나둘 답을 찾기 위해 노력해 나갔다.
그리고 시급보다 중요한 배움의 가치만큼은 놓지 않으려고 애썼다.

생존 전략 제1호, 성격 개조

"상민아, 넌 왜 그렇게 소극적이고 소심해?"

"상민이는 늘 조용해서 있는 듯 없는 듯하네."

학창 시절부터 20대 초반까지 제일 많이 들었던 평가였다. 언제나 머뭇거리기만 하고, 마음속의 생각을 표현하는 일에 늘 어색했다.

그런 소극적 생활 패턴을 탈피하려고 전주 생활을 접고 서울로 올라갔다. 그리고 작은 방 전체에 포스터를 붙였다.

"성공한 사람의 습관은 지금과는 다른 방식이어야 한다."

이런 목표를 스스로 내걸었다. 스스로의 단점을 극복하고자 새로운 환경 속에서 새로운 사람을 만나기 위해 이사를 한 것이다. 그리고 전혀 해보지 못했던 일들을 도전하기로 마음먹었다.

어려운 일을 닥치는 대로 배워보자. 그래야 나의 성격과 태도가 바뛸 것이다. 이런 간절함으로 힘들고 고단한 일에 매달렸다. 주로 사람을 상대하는 일에 집중됐다.

우선 영업이다. 영업은 상대의 마음을 읽고 사로잡는 방법을 익히는 제일 좋은 배움이라고 판단했다. 지하철 영업, 액세서리부터 핸드폰, PDA, 마사지 기계, 각종 중소기업 생산 제품까지 어떠한 상품이든 팔아야 했다.

'이왕 하는 거면 최대 실적을 내고 성격 개조도 이뤄보자! 즐겁게 달려보자! 어떤 상품이든 사람 빼고 다 팔 수 있는 능력을 배워보자!' 야심찬 계획을 세웠다. 보다 정확히 말하면, 설득할 수 있는 능력을 배우려 했다.

난 영업의 달인이 되어보겠다는 더 큰 목표도 세웠다. 내 소극적이고 진취적이지 못한 성격의 개조와 더불어 같은 시간 대비 많은 수입원도 기대했다.

내 나름의 목표와 실천으로 계속해서 나아갔다. 그 당시 영업 조직 1등에게 부탁하여 녹음을 해보기도, 멘트를 달달 외워보기도 하며 떨리는 마음으로 고객들을 대했다.

전에는 전혀 읽지 않던 영업 관련 책을 사서 수없이 반복해서 읽고, 화장실에 앉아 남몰래 혼잣말을 해보기도 하면서 끊임없이 연습했다.

영업의 달인이 되는 과정을 책 속에서, 선배들의 조언에서 실제 현장에서 체득해가며 노력은 끊임없이 계속되었다. '오늘이 내 인생의 마지막이다', '무슨 일이 있어도 용기 있게 말해보자' 다짐하며 개척해나갔다.

나는 영업이란 '그 상품이 지닌 가치와 영혼을 일깨워 상대에게 알려주는 일'로 정의하기 시작했다.

억지 용기가 아닌 그 상품이 지닌 잃어버린 가치와 영혼을 일깨우기 시작하자 사람들은 내 말에 귀를 기울여주기 시작했다. 자신이 생겼다.

알래스카에 가서 선풍기를 판매할 수 있는 능력을 배워가기 시작했다. 평범한 상품도 나는 훌륭한 가치의 물건으로 전환시켜 고객들에게 최선의 선택을 했다는 느낌을 갖게 만들었다. 영업이란 바로 그런 것이었다.

나는 늘 소극적인 성격으로 마음속 열정을 밖으로 표출하는 데 부족했지만, 이제는 평범한 그 무엇도 훌륭함으로 승화시킬 수 있는 특별한 능력을 갖게 된 것이다.

그렇다. 세상 모든 사물뿐 아니라, 사람 또한 한 가지 이상의 특별한 장점이 존재한다는 것, 그리고 그 장점만을 보고 상대를 대하는 것은 영업하면서 배운 가장 큰 소득이었다.

이런 노력 끝에 내 성격은 차츰 변화되었고, 영업 실적 또한 쌓여갔다. 50여 명 작은 영업조직에서 최연소 1등을 하고, 500여 명의 중견 영업 조직에서도 최연소이자 최장 1등을 하기 시작했다. 자연스레 그 당시 나이에서는 상상이 안 되는 수익도 따라왔다.

이렇게 하면 금방이라도 부자가 될 듯 기뻤고, 주어진 성과급은 잠시나마 행복을 느끼게 해주었다. 하지만 항상 '양지'만 있을 줄 알았던 영업 일은 한순간에 '음지'가 찾아오고, 거품처럼 꺼져갔다.

영업은 잘되었으나 약속한 제품을 제때 수급하지 못했고, 경쟁 세력에 의해서 쫓겨났으며, 상품 하자로 반품 항의도 받았다.

최고의 영업맨으로서 누렸던 부귀영화는 잠시뿐, 모아두었던 돈마저 순식간에 바닥을 드러냈다.

결국 나는 3번째 미뤄왔던 국가의 부름을 받고, 남들보다 2년을 늦게 도피하다시피 입대해야 했다. 상상하지 못할 영업 실적으로 구름을 타고 다닐 줄 알았지만, 결국 순식간에 원점으로 돌아왔다.

하지만 나는 영업기술을 익힐 수 있었고, 제대 후 재정비하여 영업과 관련된 일을 다시 시작하였다. 같은 시간과 노력 대비 성과가 남달랐고, 남들보다 더 짧은 시간에 더 많은 자본을 모았다.

10년의 시급 생활 뒤 나만의 사업을 시작할 때는, 절대 무너지지 않는 영업력을 발휘하여 어려울 때나 힘들 때 든든한 버팀목이 될 수 있었다.

20년 전 성격 개조를 위해 우연히 배운 영업이란 기술이 평생 나만의 등대가 되어 생존의 길을 밝혀주고 있다.

땡큐 솔저

'조금 더 일을 하면 돈을 많이 모을 수 있겠지.'

영업이란 찬란한 일자리를 버리고 군대를 갈 수 없었다. 이 일, 저 일 많은 일을 해보았지만, 노력한 만큼 벌 수 있는 매력적인 이 일을 놔두고 입대할 수는 없었다.

때마침 처음 사귄 여자 친구는 입영을 미룬 또 하나의 이유였다. 이런저런 이유로 총 세 번이나 입영을 미뤄왔다.

다양한 일로 사회생활을 시작한 나로서는 그 당시 군 생활 2년이라는 시간은 너무나도 길게 느껴졌다. 하지만 영업일에 회의를 느끼고, 더 이상의 입영을 미루면서까지 다른 돌파구란 없어 보였다.

이젠 정면 돌파만이 살 길이라고 판단했다. 입대를 결심했다. 돈으로 환산해보는 것도 우습지만 그 당시 군 생활은 시급 200원 남짓으로 한 달 내내 국방의 의무를 다하더라도 월 4~5만 원이 전부였다. 서러웠던 고등학교 용돈보다 많았지만 군 급여는 상대적 박탈감만 가득했다. 지금까지의 모든 가치를 시급으로 판단했던 나였기에 도저히 답이 나오지 않았다. 도살장에 끌려가는 마음으로 논산 훈련소로 향했다. 그나마 친한 친구 2명과 비슷한 시기에 입대한 것은 작은 위로였다.

몇 주간의 교육과 기본 훈련을 끝내고, 본격적인 자대 배치를 받았지만, '이게 웬일인가' 정신적으로 의지했던 수년간 사귀었던 여자 친구에게 이별 통보를 받았다.

더군다나 가족과도 까마득히 멀어지고, 같은 시기에 군대에 온 친구들의 소식도 끊긴 채 황야에 버려진 느낌으로 자대 생활을 시작하였다.

지금까지 나의 삶은 늘 시간 대비 돈, 즉 시급이 중심이었는데, 2년이란 국방의 의무는 돈도, 사랑도, 명예도 아무것도 만지지 못하고 모든 것을 내려놓게 만들었다. 앞이 캄캄했다. 가끔 군 선임들이 자신의 노하우로 군 생활 잘하는 법을 알려주었지만, 대부분 시간 때우는 식의 방법만 즐비했다.

'식사시간 때우기!', '청소시간 때우기!', '당직시간 때우기!', '자유시간 때우기!'

남보다 늦게 간 군대에서 이러한 생활만 지속한다면 무의미하다는 생각이 밀려들었다.

'차라리 2년이란 시간을 잘 활용해보는 건 어떨까?'

시간을 효율적으로 활용해서 내가 몰랐던 것을 배워야겠다는 오기가 발동했다. 그후 생각을 바꾸고 작은 행동만 했을 뿐인데, 놀랍게도 새로운 군 생활이 펼쳐졌다. 군대 가기 전의 기준은 '시간당 시급'이었지만, 군대에서의 기준은 '시간당 배움'이었다. 즉, 군인의 시급은 아무리 노력해도 월급이 정해져 있어서 나는 시간당 더 많은 배움과 경험, 노하우나 지식을 쌓으리라 다짐했다.

'이왕이면 남과 다른 2년을 위해 즐겁게 배우고 행동하자!'

당시, 사단 의무 보급병이었던 나는, 창고관리, 물류관리, 전산관리, 약제관리, 치료관리 등 모든 것을 했다. '제대 후 이런 업무들이 과연 도움이 될까?'라는 의구심을 '창고관리 하나라도, 주사 놓는 것 하나라도 정성껏 배워서 내 것으로 만들어보자'라고 생각을 180도 바꿨다.

생각을 바꾸니 수동적으로 했던 일들의 새로운 부분이 보이기 시작했다. 기록 관리, 측정 관리, 보고 관리 등 모든 군 활동을 내 것으로 익혀갔다.

몇 년 뒤 군에서 배운 모든 일들을 경영을 할 때 써먹을 줄은 그 당시 상상도 못했다. 써 먹은 정도가 아닌 군에서의 경험이 없었다면, 경영이 쉽게 풀리지 않았을 정도였다.

군 생활 2년간 새로운 배움을 위해 여러 도전을 시작했다. 22년간 오른손잡이였던 나는 의식적으로 왼손을 쓰기 시작했다.

왼손 양치질, 왼손 젓가락질, 왼손 글씨, 왼손 농구, 왼발 축구 등 우뇌의 활성화를 위해 의식적으로 생각을 바꾸고, 반대로 행동하고 배움을 위해서 노력했다. 또한 정신 단련뿐 아니라 체력 단련을 위해 평행봉을 즐겨 했으며, 생각과 몸이 건강해지니 자연스레 끊임없이 샘솟는 아이디어가 나오기 시작했다.

신기했다. 그전에는 아무 생각 없이 앞만 보고 했던 일을, 이제는 꿈과 미래가 그려지기 시작하고 무한한 아이디어가 나오기 시작했다. 그러한 아이디어를 놓치지 않기 위해 작은 메모장에 메모광처럼 기록하기 시작했다. 몇 년 뒤 이 메모장에 적은 아이디어 한 줄이 세상을 바꿀 창업 아이템으로 바뀌게 될 줄은 당시는 전혀 알지 못했다.

식사 시간에는 최대한 빨리 먹고 쉬고 잠자기 바빴던 나였지만, 배움을 위해서 조식, 중식, 석식 후 하루 총 2시간을 확보했다. 청소 시간도 최대한 쉬운 곳, 최대한 편한 곳이 좋았지만, 군대생활을 새로운 도전이라고 마음을 다잡은 후부터는 지저분하고 남들이 하기 싫어하는 곳, 냄새 나는 분리수거장, 쓰레기소각장을 일부러 배정받았다.

매일 일과 종료 후 하루 2시간의 개인정비시간은 PX(편의점)에서 간식 사먹기, TV 보기, 잡담하기, 운동하기, 전화하기, 편지 쓰기로 왁자지껄한 내무반이었지만, 이 2시간을 그 누구도 방해받지 않는 나만의 조용한 창고 공간을 만들어 배움의 시간으로 만들었다.

결국 하루 24시간 중 4~5시간을 나만의 소중한 시간으로 확보했다. 이 소중한 시간에 간접 경험과 배움을 위해 무언가를 적립해 나가야겠다고 생각했다.

그 최적의 방법은 바로 '독서'였다. 마치 독서충이라도 된 듯 내무반에 있는 책이란 책은 모두 읽기 시작했다. 그 전까지만 하더라도 1년에 한두 권 읽을까 말까 한 독서량이 하루에 1권씩 정독하기 시작했다.

또한 부대에 있는 모든 책이 부족하여, 쓰레기 소각장에 버려진 많은 신문과 서적들을 소각 전 몰래 읽기 시작했다. 소각장 청소가 불행이 아닌, 엄청난 행운으로 돌아오기 시작한 것이다.

'지금 내가 읽는 책은 앞으로의 5년간 삶의 방향을 반드시 결정해준다'라는 믿음을 갖고 배움의 시간을 즐겼다.

결과적으로, 2년이란 길고도 짧은 국방 의무는 나를 새로운 길로 안내해 주었다. 얼마 되지 않은 군 월급의 80%는 책 사는 데 활용했고, 세상사 모든 내용을 책이라는 간접 경험을 통해 배워가며, 책의 방법을 내 것으로 만들어 하나씩 실천해가기 시작했다.

더욱 다양한 간접 경험을 위해 다양한 분야의 독서에 빠졌고, 군대 가기 전 내가 경험했던 세상은 극히 일부분이었음을 깨달았다.

인문, 부동산, 주식, 채권, 경제, 경영, 자기계발, 문학 등 수백 권의 책을 읽으며 다양한 분야를 섭렵했다. 한 분야를 이해하는 데는 같은 분야별로 최소 10권 이상의 책을 읽고 판단의 기준을 만들기도 했다.

그리고 말년 휴가! 군대 때 배웠던 모든 간접 경험을, 제대도 하기도 전에 군복을 입고 저자를 만나러 전국을 쫓아다니기도 했다. 그 저자들은 조금 당황해했지만, 열정 하나만큼은 훌륭하다고 칭찬해주었다. 아직도 그들과 인연이 되어 서로 긍정의 에너지를 주고받는다. 2년이란 시간은 나에게 시급으로 환산할 수 없는 위대한 배움의 가치를 선물했다.

군대에서 인생이 역전된 사람, 군대에서 전혀 다른 인생을 만드는 사람, 군인임에 감사했던 사람, 그게 바로 나였음을! 땡큐 솔저!

사랑이란 시급

새로운 인생 2막을 위해 군 생활에서 수없는 자기계발을 하고, 제대 후 야심찬 사회생활을 시작했다.

주식, 부동산, 경매, 채권, 재테크, 경제, 경영 등에서 간접적으로 배웠던 내용을 하나씩 실천해보았다. 순식간에 돈을 불려보기도, 한순간에 잃어보기도 했다.

간접적으로 배운 것을 현실 세상에서 끊임없이 적용하며 실천했지만, 내 마음 한켠에 무엇인가 충족되지 않는 것이 있었다. 내가 진정 태어난 이유가 단지 돈을 위해서, 그리고 이 일을 위해서 태어난 것일까?

제대 후 다시 시급 생활로 돌아와 아무리 많은 급여를 받아도, 나의 존재 이유가 궁금해지기 시작했다. 인간의 욕심은 끝이 없어서 더 많은 시급, 더 좋은 조건을 갈망할 텐데 나 또한 한 사람으로서 계속해서 이러한 생활을 반복해야만 하는 것일까?

그보다 더 근본적인 행복을 찾고 싶었다. 내 삶의 본질적인 이유를 찾고 싶었다. 새로운 철학과 가치를 찾기 위해, 더 나은 이유를 찾기 위해 성찰하기 시작했다.

수많은 책 속엔 새로운 길들이 보이고, 수많은 사람에겐 나의 부족함, 내가 갖고 있지 않은 능력들이 느껴졌다. 그리고 그 마음을 움직이고 싶고 그 능력을 갖고 싶었다.

하지만 마음처럼 쉽지 않았다. 사람의 마음을 얻는다는 것, 상대의 마음을 얻는다는 것은 나로서는 늘 쉽지 않았다.

그리고 불현듯, 사랑에 빠지면 쉽지 않을까? 상대를 사랑하면 가능하지 않을까? '상대를 몹시 아끼고 귀중히 여기는 마음'을 사랑이라고 정의한다면, 진심 어린 사랑을 하면 어떨까? 사랑의 힘 하나로 모든 이유를 찾아가 보고 싶었다.

시간당 시급.

시간당 배움.

시간당 사랑.

시급과 배움은 시간 대비 간접적으로라도 측정할 수 있었지만, 시간당 사랑이란, 말처럼 쉽게 측정되지 않았다. 사랑을 쫓아가면 그 사랑은 더 멀어지고 상대가 쫓아오면 나는 멀어지고 싶었다.

진심으로 사랑하고 행복한 반쪽을 만나기 위해 수없이 많은 인연이 스쳐 지나갔지만 쉽게 만날 수도, 찾을 수도 없었다.

상대에 대한 사랑, 나에 대한 사랑은 많은 시간을 투자하고도 얻을 수 없는 것일까. 오래전 연인과의 이별로 다시금 새로운 사랑이 두려웠지만, 어느덧 시간이라는 치유 속에서 다시금 사랑이 찾아오기도 했다. 하지만 그 새로운 사랑도 몇 년 가지 않아 또 다른 이별의 아픔으로 되돌아왔다.

더 나은 사랑, 더 소중한 인연을 위해, 끊임없이 시간을 투자했지만 쉽지 않았다. 나는 더 나은 시급 생활처럼 나도 모르게 더 나은 사랑을 원하고 있었다.

새로 시작되는 사랑에 설레기도, 반복되는 이별에 스스로 책망하며 사랑의 시행착오는 다람쥐 쳇바퀴 같은 반복이었다.

'내가 한없이 부족해서일까?'

스쳐 지나가는 사람도 인연이란 의미 부여를 통해 쉽게 지나치지 않았지만 내가 생각한 인연, 내가 생각한 반쪽은 나타나지 않았다. 일에 대한 시급과 배움은 열심히 노력해서 얻어낼 수 있었지만 사랑이란 시급은 그 어떤 시급과 비교할 수도 견줄 수도 없었다.

진심 어린 순수한 사랑이 있어야 삶의 열정과 재미가 생긴다는 것을 알고 있었지만 현실은 돈과 명예 그리고 자본과 권력에 물들어가고 있었다.

나는 내 스스로에 대한 사랑을 먼저 해보기로 결심했다. 10년간의 나의 과거를 돌아보고, 온전히 나를 위한 사랑에 빠져보기로 했다. 단순히 이성에 대한 사랑만 생각했던 나는, 반대로 나에 대한 사랑을 진지하게 해보았다. 그리고 내 자신에 대한 존재 가치와 삶의 이유를 진지하게 되돌아보기 시작했다.

나는 10년간 짧고도 긴 시급 생활을 마치고, 내 삶의 이유를 찾기 위해 새로운 창업의 길을 선택하기로 마음먹었다.

점이 선이 되고, 다시 면이 되어

오랜 시급 생활을 거치면서 여기저기 점처럼 찍고 다녔던 많은 경험들이 하나둘 자산이 되기 시작했다. 그 점들이 모여 선이 되고, 다시 면이 되기까지, 10년간의 시급 생활이 그 후 경영 생활에 큰 도움이 될 거라고는 꿈에도 생각지 못했다.

나는 시급이란 개념에 이끌려 하루하루를 보내면서도, 한편으론 더 좋은 방법, 더 즐겁게 일하는 방법, 더 배울 수 있는 방법을 갈망했다. 만약 10년의 시급 생활을 남들과 똑같이 평범하고 수동적으로 지냈다면 지금의 난 절대 없었다.

최선의 답을 찾기 위해 '된다'라는 생각의 차이와 행동의 차이 그리고 습관의 차이를 나도 모르게 만들어갔고, 그런 모든 경험의 점들이 선과 면이 되어 앞으로 찾아올 경영 생활에 큰 도움이 된 것이다.

음식점 알바에서 조리와 위생을 배운 것으로 다양한 음식점 경영 기초에 활용했고, 프랜차이즈 매장 알바에서는 체계화된 시스템을 배워 경영 시스템을 구축해보았고, 학습지 선생님으로는 경청이라는 배움을 통해 임직원의 조직 관리에, 신문 배달에서는 사업 초기 물류 배송에 큰 도움이 되었다.

또한 예식장에서는 대량급식을 배우기도, 전화 상담원 일을 할 때는 고객 서비스 기술도 익혀 추후 경영에 십분 활용했다.

이처럼 지금 내가 무심코 하는 일들이 모여, 추후 엄청난 일들을 만들 수도 되돌아올 수도 있음을 알아야 한다.

나 또한 사소한 것 같았던 모든 일들이 10년의 시급 생활뿐 아니라 10년의 경영 생활 내내 중요한 일들로 변화되고 있음을 절실히 깨달아갔다.

결국 지나고 보니 나의 10년의 시급 생활은 단순히 돈을 벌기 위함보다 '왜 이 일을 하고 있는가'에 대한 궁극적 이유를 찾아가고 있었다.

돈을 벌기보다 '고객들에게 기쁨을 주고 행복한 가치를 선사하기 위함'이었고, 시간을 때우기보다 '즐겁고 행복한 시간을 만들어보자는 이유'였으며, 안정적인 직장 생활보다 '고객과 국민에게 더 나은 삶을 선사하기 위해 창업의 길'을 찾아가고 있었던 것이다.

시급, 월급, 연봉만을 우선하는 사람은 과거 철없이 움직였던 나처럼 결국 돈의 노예가 되어, 더 나은 조건을 찾아 이직하기 바쁘지만 '왜 일하는가?'에 대한 가치와 철학을 찾아가는 사람은 작은 일이라도 추후 선과 면이 되어 소중한 꿈을 달성할 수 있다.

꿈으로 판단되는 사회는 없을까?
돈이 있는 자보다 꿈이 있는 자가 대우받는 사회였으면 한다.
돈을 주는 것보다 돈을 만들어가는 법을 배우는 사회였으면 한다.
돈보다 더 소중한 꿈과 가치를 펼칠 수 있는 사회였으면 한다.

그 돈을 벌기 위해 시간당 급여인 '시급, 월급, 연봉'이란 개념을 적용하여
우리 사회가 이렇게 시끄러운 논란에 빠진다면,
하나가 될 수 있는 더 나은 방법을 찾아야만 한다.

PART 2

보이지 않는 위기

돈의 함정_ 돈으로 판단되는 사회

얼마 전, 소개팅을 나간 적이 있다.

"상민 씨는 연봉이 어떻게 되세요?"

나는 "100여 명 임직원 급여 주기 바쁘네요" 혹은 그냥 "빚만 수십 억입니다"라고 말해야 하나, 아니면 뭐라고 답해야 하나 싶었다.

결국 나는 마치 스티브 잡스처럼 "제 연봉은 '1달러'예요"라고 답했다. 때론 "얼마를 받으면 만족할 것 같아요?" 웃으며 되묻기도 했다.

사실 월급이든 시급이든 받을 때는 정확히 대답할 수 있지만, 돈을 주는 입장으로 바뀌고 보니 내 연봉은 제일 후순위였다. 그 돈은 내 돈이 아니었다. 그 돈으로 임직원 급여 만들기에 허덕였고 협력 업체 대금 지불에 항상 쪼들렸다. 그리고 이제 더 나은 회사를 위해 이미 내 손에서 떠나보낸 지 오래였다.

"너의 연봉은 얼마니?", "얼마나 벌어?", "돈은 많이 벌었어?"

끊임없이 이런 질문을 받고 있고, 우리는 이런 사회에 살고 있다. 모두 돈으로 연결 짓고, 그것도 부족해 "내 친구 아들은 얼마 번다던데…", "내 친구 남편은 얼마 번다던데…" 하며 끊임없이 서로 비교하며 살고 있다. 자본주의 사회라고 하지만, 마치 '능력 = 돈'이라는 보통명사로 생각하는 게 현실이다.

나 또한 지난 20년 동안 시급 생활부터 경영 생활까지, 주변에서 제일 많이 들어본 질문은 다름 아닌 "얼마나 버니?"였다.

"너의 꿈은 뭐니?", "앞으로의 목표가 뭐니?"

이런 질문을 하는 사람은 찾아볼 수 없었다. 꿈보다 돈이 먼저 통하는 사회, 돈이면 다 통하는 사회로 변질되었다. 이런 사회에서는 누구도 돈의 함정에 빠지지 않을 수 없다.

능력이란, 돈이나 돈 버는 능력보다, '꿈을 달성하기 위해 실천하는 힘'이었으면 하고, 돈이란 자본주의 사회의 능력보다, '꿈을 달성하기 위한 도구 중 하나의 방법'이어야 한다. 하지만 돈의 함정에 빠질 수밖에 없는 사회 통념 자체가 심각한 위기다.

어느 순간부터 돈은 우리 사회의 심각한 왜곡 현상을 안겨주었고 꿈이 아닌, 돈을 위해 일하는 사람들이 늘어나기 시작했다. 더 나은 시급을 원하고, 더 높은 연봉을 바라며, 더 많은 조건을 외치고, 내 돈만 아까워하며, 그 돈으로 스스로 한계를 만들고 있다. 난 20년 전부터 마음에 새기며 혼잣말로 되뇌는 문구 하나가 있다.

"돈보다 꿈을 위해 살아갈 거야!"

스스로 되뇌이고, 외쳐보지만 현실은 늘 돈에 쪼들리고 부족했다. 시급 생활 시절, 사장들한테 조금이라도 시급을 더 요구하면, 되돌아오는 소리는 비슷했다.

"상민아, 지금 주는 것도 힘들어. 그리고 돈이 전부는 아니란다!"

신문 배달부터, 음식점, 일용직, 계약직, 판매, 교육, 제조, 서비스 등 10년간 시급 생활을 하면서 사장들에게 제일 많이 들었던 말이다. 그들은 늘 "돈을 위해 일하지 말라"고 하지만, 나는 시급에 끌려다니기에 바빴다. 정부에서 최저임금을 조금이라도 올려줄 것 같으면 잠시나마 기뻤다. 하지만 그마저도 몇 개월 되지 않아 일자리가 사라지거나 물가만 더 올라갔다. 그때 나는 점점 어려움에 처해졌고, 더 높은 시급과 더 나은 조건을 쫓아다니며 10년을 보냈다.

어떤 일을 해야 능력이 생길까? 돈을 많이 버는 일? 아니면 내가 하고 싶은 일? 아니면 안정적인 일? 주변을 둘러 해답을 찾아봐도 혼란스런 결론만 돌아왔다. 돈을 많이 버는 직업을 가진 이들의 행복지수는 낮아 불행한 삶을 사는 이도 있었고, 꿈을 위한 직업을 가진 이들의 행복지수는 높았지만, 불안정한 삶을 사는 이도 있었다. 또한 안정적이라고 여겨지는 직업군에는 수천 대 일의 경쟁률을 뚫기 위해 비장한 준비를 해야만 했다.

우리는 끊임없이 돈의 함정이란 세상 속에서 살고 있다.

돈 있는 건물주와 돈 없는 임대인의 갑을 관계,

돈 있는 사업주와 돈 없는 직원의 갑을 관계,

돈 있는 대기업과 돈 없는 중소기업의 갑을 관계,

돈 있는 발주사와 돈 없는 수주사의 갑을 관계,

그리고 그 속에서 우리는 약자인 을이라 스스로 단정하고 법의 보호를 외친다. 한편으로 돈의 유혹 또한 이기지 못한다. 시세가 오르는 곳에 투자하고 싶고, 연봉이 높은 곳으로 이직을 하고 싶고, 수익이 높은 사업 아이템에 관심을 가진다.

아무리 부인한들 꿈과 목표를 위해서는 돈은 하나의 방법임은 분명하다. 하지만 그것을 목표로 삼거나 목적이 되어는 안 된다. 나는 시급 생활 10년, 경영 생활 10년 속에서 돈으로 판단되는 사회를 끊임없이 경험했다. 개개인의 가치와 꿈을 실현하는 사회가 이상적인 사회이지만, 현실은 돈이든 물질적인 무엇이든 요구했다.

비단 돈으로 행복을 좌우할 수는 없지만, 현실은 돈이 필요한 세상이 된 것이다. '같은 시간 더 많은 돈을 버는 방법이 무엇일까?' 곰곰이 생각해보지만 시급을 올리는 방법을 알려주는 사람은 아무도 없었다. 그 누구도 없었다. 받는 사람의 입장은 늘 더 받고 싶고, 주는 사람의 입장은 절약하고 싶은 것은 분명했다. 이러한 서로 다른 생각은 과거 수십 년간 좁혀지지 않는 평행선으로 악순환의 연속이었다. 사업주와 구직자들의 영원한 평행선을 맞닿게 할 수 있는 방법은 없을까?

주위에서는 괜찮은 회사로의 이직이나 공무원, 대기업을 추천해준다. 더 나은 조건을 쫓아다니는 신세는 비단 나뿐만 아니라 대한민국 사회의 오래된 자화상이다.

나는 한 번 소속된 곳에서 조직과 함께 성장하고 싶었지만, 그러한 조직은 쉽게 찾을 수도 없었고, 그런 조직을 만들기도 쉽지 않았다.

나는 시급 1만 원 이상도 함께 만들어갈 수 있는 조직이나 시스템을 간절히 찾고 싶었다. 이제 20년이 지난 지금에서야 비로소 기적 같은 답을 찾아냈다. 보다 더 정확하게는, 이 해법을 찾지 못했다면 우리 회사는 절대 살아남을 수 없었다.

이 방법을 쉽고 간단하게 많은 이들과 공유하려 한다. 내가 찾은 방법이 설사 완벽한 정답이 아닐지라도 최소한 한 가지 방법은 될 수 있을 것이다. 누구든 이 방법을 익혀서 나와 같은 20년의 시간을 반복하지 말고 절약하면 된다.

세상에 문제를 해결하는 방법은 수없이 많다. 그중 내게 맞는 방법을 찾아 현명하게 실천해야 한다. 나 또한 지금 시급 1만 원의 시대적 과제를 놓고 즐겁고 행복한 일터 만들기에 분주하다.

이제 함께 행복한 일터를 만들고, 도전하여 많은 이들과 함께 공유하려 한다. 돈이면 다 되는 사회가 아닌, 돈 버는 방법을 알려주어 우리들의 소중한 꿈을 달성해야 한다. 꿈과 도전이 넘치는 희망 있는 사회를 만들어야 한다. 안정과 평안보다 열정이 넘치는 사회, 도전과 창의가 넘치는 사회를 만들어야만 한다.

통계의 함정_ **최저임금의 진실**

통계는 사람, 사물, 사건 등을 조사한 결과를 구체적인 숫자나 수치로 나타낸 것을 말한다. 개별 자료로는 100% 확신할 수 없지만 축적된 자료를 모아보면 어떤 하나의 현상을 명확하게 파악하는 방법이 된다.

현대 사회는 통계를 통해 현재 상황을 판단하고 또 미래에 일어날 상황을 미리 예측하기도 한다. 이는 국가나 기업 또는 조직이 계획을 수립할 때 없어서는 안 될 하나의 방법이다. 회사의 기획이든 국가 정책이든 계획을 세워나갈 때 통계는 매우 중요한 방법이다. 하지만 통계의 범위나 조사 방법에 따라서 그 결과가 아주 다르게 나타나는 오류를 범할 때도 많다.

다음의 직업 만족도를 알아보는 통계 자료를 살펴보면 쉽게 파악할 수 있다.

〈행복 지수 – 〈KBS 스페셜〉 행복해지는 방법 중 직업 만족도〉(2011년)

순위	상위	점수	순위	하위	점수
1	사진작가	4.60	1	모델	2.25
2	작가	4.48	2	의사	2.84
3	항공기 조종사	4.45	3	크레인및호이스트 운전원	3.00
4	작곡가	4.44	4	대형트럭및특수차 운전원	3.03
5	바텐더(조주사)	4.36	5	건설기계 운전원	3.04
6	인문과학 연구원	4.32	6	귀금속및보석세공원	3.16
7	상담전문가	4.28	7	애완동물미용사	3.20
8	인문사회계열 교수	4.24	8	금형원	3.21
9	성직자	4.24	9	상점판매원	3.24
10	환경공학기술자	4.24	10	자동차정비원	3.24
11	인문계중등학교 교사	4.20	11	연기자	3.26
12	플로리스트	4.20	12	세무사	3.28
13	이공학계열 교수	4.16	13	영양사	3.28
14	경호원	4.16	14	건축공학 기술자	3.28
15	판사 및 검사	4.14	15	시스템엔지니어	3.28
16	물리치료사	4.12	16	교도관	3.32
17	작업치료사	4.12	17	치과기공사	3.32
18	기자	4.12	18	안경사	3.32
19	특수교사	4.08	19	도시계획가	3.36
20	속기사	4.08	20	섬유공학기술자 (엔지니어)	3.36

<한국고용정보원 직업 만족도>(2017년)

순위	직업	점수	순위	직업점	점수
1	판사	33.16	11	연료전지개발및연구자	31.97
2	도선사	33.07	12	외환딜러	31.83
3	목사	33.03	13	물리학연구원	31.70
4	대학교총장(학장)	32.94	14	항공기조종사	31.61
5	전기감리기술자	32.93	15	변리사	31.47
6	초등학교교장(교감)	32.73	16	지질학연구원	31.43
7	(한)의사	32.63	17	초등학교교사	31.42
8	교수	32.49	18	관세행정사무원	31.40
9	원자력공학기술자	32.43	19	행정부고위공무원	31.33
10	세무사	32.38	20	발전설비 기술자	31.33

〈KBS 스페셜〉에서 조사한 직업 만족도를 보면 의사, 세무사의 직업 만족도는 하위 수준에 속한다고 조사됐다. 그러나 한국정보고용원 통계자료에서 보면 의사, 세무사의 직업 만족도가 상위 그룹에 속해 있다. 이렇듯 누가, 언제, 어떻게 통계를 내고 해석하느냐, 표본 집단이 어떠한 사람이냐에 따라 통계는 전혀 다르게 나타날 수 있다. 즉 제대로 된 분석을 어떻게 하는가는 각 개인의 현명한 판단에 따를 수밖에 없다.

〈시급순으로 정리한 17개 산업별 월평균 근로시간과 임금〉(2016년 1월 기준)

산업	임금	근로시간	시급
전기·가스·증기 및 수도사업	633만2000원	166.0시간	3만8144원
금융 및 보험업	572만6000원	161.3시간	3만5499원
전문·과학 및 기술서비스업	471만4000원	161.5시간	2만9188원
출판·영상·방송통신 서비스업	414만 원	161.5시간	2만5634원
교육서비스업	364만6000원	148시간	2만4635원
제조업	371만6000원	182.2시간	2만395원
광업	379만9000원	176.9시간	2만1475원
도매 및 소매업	339만3000원	169.8시간	1만9982원
음식 숙박업	187만6000원	170.9시간	1만977원
건설업	267만3000원	145.3시간	1만8396원
운수업	309만 원	171.3시간	1만8038원
하수 폐기물처리 및 환경 복원업	308만 원	175.2시간	1만7579원
보건업 및 사회복지서비스업	285만5000원	168.1시간	1만6983원
여가관련 서비스업	259만9000원	158.6시간	1만6387원
협회단체 및 기타 개인서비스업	244만1000원	162.3시간	1만5040원
부동산업 및 임대업	260만3000원	189.6시간	1만3278원
사업시설 및 사업지원서비스업	206만7000원	169.8시간	1만2173원

앞의 통계를 보아도 그 모순이 발견된다. 상위 2% 고액 연봉 집단의 평균 임금과 시급이 통상 20%, 많게는 50% 이상 올라가서 평범한

98% 집단이 보았을 때는 난 평균보다 미달이구나 하고 자책할 수 있다. 또한 표본 집단군이 98% 중소기업그룹과 2% 대기업그룹을 나누지 않아 조직별, 그룹별 차이가 천차만별 나타날 수 있다. 즉 통계의 함정으로 98% 중소기업 소상공인 임직원들은 현실과의 괴리를 많이 느낄 수밖에 없다.

〈산업별 전체 임금표〉

산업	2013	2014	2015	2016
전체	4,550(1.4)	4,670(2.6)	4,782(2.4)	4,934(3.2)
광업	4,761(4.0)	4,688(-1.5)	4,819(2.8)	5,191(7.7)
제조업	5,227(2.1)	5,373(2.8)	5,397(0.5)	5,655(4.8)
전기, 가스, 수도	7,753(1.9)	7,703(-0.7)	8,076(4.9)	8,679(7.5)
하수, 폐기물처리	3,548(4.5)	3,675(3.6)	3,847(4.7)	4,024(4.6)
건설업	4,590(4.3)	4,625(0.8)	4,729(2.2)	4,928(4.2)
도매 및 소매	4,189(-1.1)	4,408(5.2)	4,434(0.6)	4,577(3.2)
운수업	3,358(-1.2)	3,482(3.7)	3,549(1.9)	3,771(6.2)
숙박 및 음식	2,970(6.2)	3,058(2.9)	3,078(0.7)	3,152(2.4)
출판, 영상, 방송통신	5,089(5.4)	5,090(0.0)	5,142(1.0)	5,285(2.8)
금융 및 보험업	7,525(-0.5)	7,548(0.3)	7,938(5.2)	8,427(6.2)
부동산 및 임대	2,996(1.0)	3,073(2.6)	3,260(6.1)	3,375(3.5)
전문, 과학, 기술	4,518(3.3)	4,773(5.7)	4,925(3.2)	4,895(-0.6)
사업시설관리 및 사업지원	2,148(1.6)	2,263(5.4)	2,297(1.5)	2,347(2.2)
예술, 스포츠, 여가	4,285(1.3)	4,333(1.1)	4,308(-0.6)	4,463(3.6)
협회, 단체 및 기타	3,447(-2.2)	3,415(-0.9)	3,517(3.0)	3,780(7.5)

2016회계연도 기업체 노동비용조사 결과, 고용노동부 노동시장조사과(단위: 월간/천 원)

앞에서 보면 산업별 노동 비율 낸 통계로서 98% 중소기업 임직원들은 현실과 괴리감이 크게 나타난다. 상위 2%의 대기업 조직의 임금이 전체적인 평균을 끌어 올리는 현상을 만들기 때문이다. 결국 98%의 중소기업 임직원들은 통계의 함정에 빠지기 쉽다.

〈기업체 규모별 임금표〉

규모	2013	2014	2015	2016
전규모	4,550(1.4)	4,670(2.6)	4,782(2.4)	4,934(3.2)
10~29인	3,297(3.0)	3,394(2.9)	3,579(5.5)	3,888(8.6)
30~99인	3,662(1.5)	3,703(1.1)	3,858(4.2)	3,822(-0.9)
100~299인	3,880(0.0)	3,948(1.7)	4,198(6.3)	4,141(-1.4)
300~499인	4,252(-1.2)	4,369(3.4)	4,502(2.4)	4,423(-1.8)
500~999인	4,694(10.0)	4,729(0.8)	5,038(6.5)	4,980(-1.1)
1000인이상	6,254(-0.1)	6,532(4.4)	6,533(0.0)	7,043(7.8)

주 : ( )내는 전년 대비 증감률　　　　　　　　　　　　고용노동부(단위:월간/천 원)

기업 규모별 급여액은 '300인 미만'이 평균 3,940,000원으로 '300인 이상' 기업 6,251,000원의 63.0% 수준으로 나타나고 있다. 하지만 이 통계 또한 함정에 빠지기 쉽다. 우리나라는 현재 100인 미만의 기업체가 전체의 약 98%를 차지하고 있다. 또한 그 기업체 중 자영업 소상공인 5인 이하/소규모 5인~9인/중소규모 10인~29인/중견규모 30인~99인/중대규모 100인~299인 등 규모별 급여 통계 또한 천차만별로 나뉜다. 앞의 표에서 보면 전체의 70%인 자영업 소상공인 5인 이하/소규모 5~9인 규모는 통계에 반영되지도 않았다.

이처럼 각각의 업종, 지역, 환경, 조직, 직책, 직무, 성별, 연령 등에 따라 시급, 월급, 연봉은 천차만별임을 쉽게 파악할 수 있다. 일부 언론에서 보여주는 여론 조사나 단순한 통계 몇 장을 보여주고 서로 비교하며 불행을 조장하는 행위는 통계의 함정에 빠질 수 있는 것이다. 통계를 활용하여 대중의 심리를 이용하는 사람들, 그리고 통계를 믿고 따라가는 대중들, 통계의 함정에 빠져 현명한 판단을 내리지 못한다면 그것을 선택하는 자들에게는 혹독한 대가만이 남을 뿐이다.

통계자료를 신뢰하기 위해서는 보다 철저한 인증작업과 동시에 다양하고 복합적 사고로 스스로 판단할 줄 알아야 한다. 일부 편협된 통계만을 보여주고 대중을 현혹시키며 물고기만 주는 사회가 아닌, 다양하고 현명한 통계를 활용한 물고기 잡는 법, 즉 시급, 월급, 연봉 올리는 법을 알려주는 사회여야 한다.

그렇다면 시급, 월급, 연봉을 올릴 수 있는 방법은 무엇일까? 더 나은 조직으로 이직일까? 아니면 인사고과를 신경 쓰거나 경영진에게 잘 보여야 할까? 아니면 정부에서 정해주면 받기만 하면 되는 것일까? 아니면 학창시절 열심히 공부해서 좋은 대학, 좋은 학과에 진학하는 것일까? 지금까지 우리가 듣지도 보지도 못했던 전혀 다른 새로운 방법이 있는 것일까?

비교의 함정_ 해외 스타일? 강남 스타일!

우리는 자신에 대한 올바른 이해와, 자아를 발견하며 내면의 성찰을 위해 끊임없이 노력해야 하는 인간이다. 하지만 인간의 나약한 심리 때문일까? 때론, 긍정의 비교가 아닌 부정의 비교를 통해 스스로 불행해지기도 한다.

자신과 남을, 형제자매끼리, 부모를, 가족 집안끼리, 친구끼리, 같이 일하는 동료끼리, 더 나아가 이웃사촌, 이웃 국가 간에도 끊임없이 범위를 넓혀가며 비교한다.

서로 다른 환경과 경험, 서로 다른 정서와 생각, 상황의 차이가 존재함에도 서로를 비교하고 또 비교당하는 삶 속에서 살고 있다. 통계의 함정에서도 본 바와 같이 다양한 상황과 환경을 무시한 채, 서로 비교하며 스스로 불행에 빠지고 있는 것이다.

더 나은 선택을 하려는 선의의 비교는 바람직하고 긍정적이지만 여러 가지 다른 상황과 차이가 존재함에도 마치 동등한 것처럼 비교를 하는 경우가 다반사다. 결국, 현실세계의 비교는 자연스레 부정적인 측면으로 발전되는 경우가 대부분이다. 그리고 우리는 스스로의 열등과 고통, 불행의 함정 속으로 빠져들어 버린다. 나와 다른 사람의 임금을, 우리 회사와 다른 회사의 임금을, 우리나라와 다른 나라의 임금을 비교하며, 비교의 함정에서 빠져나오지 못한다. 국가, 지역, 문화, 물가, 소득, 경험, 마인드, 성향 등의 차이가 천차만별임에도 절대적 수치만의 단순 비교로 비교의 함정에 빠져 불행해진다.

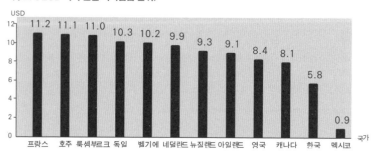

〈주요 OECD 국가 실질 최저임금 순위〉

*2015년 구매력 평가지수 적용 기준

〈OECD 회원국의 최저임금〉(2015년)

순위	나라 명	시간당 최저임금	1인당 GDP
1	룩셈부르크	15.21달러(한화 17,000원)	9만 6,269달러
2	스위스	12.55달러 (한화 14,000원)	8만 4,070달러
3	호주	15.96 호주 달러 (한화 13,694원)	5만 2,454달러

4	아일랜드	11.53달러(한화 13,000원)	4만 7,329달러
5	프랑스	9.61유로(한화 12,098원)	3만 8,458달러
6	벨기에	9.38 유로(한화 11,781원)	4만 1,267달러
7	영국	10.16달러(한화 11,500원)	4만 3,940달러
8	뉴질랜드	14.75 뉴질랜드 달러(한화 11,270원)	4만 2,017달러
9	네덜란드	8.7유로(한화 10,953원)	4만 4,249달러
10	독일	8.5유로(한화 10,701원)	4만 1,955달러
11	캐나다	10.25 캐나다 달러(한화 9,296원)	4만 5,029달러
12	미국(주마다 차이)	7.25달러(한화 8,025원)	5만 6,421달러
13	일본(지역, 산업별차이)	6.94달러(한화 7,500원)	3만 3,233달러
14	이스라엘	6.4달러(한화 7,000원)	3만 6,659달러
15	스페인	5.82달러(한화 6,500원)	2만 6,517달러
16	그리스	5.26달러(한화 6,000원)	1만 8,863달러
17	한국	5.3달러(한화 6,030원)	2만 8,338달러

앞의 절대적 비교를 보면 최저임금이 OECD 35개 회원국 중 중위권 11~17위임을 확인할 수 있다. 그리고 이러한 통계의 함정과, 비교의 함정에 빠져 우리는 스스로 불행해지고 상위권 도약을 위해 제도적·문화적으로 끊임없이 도전하고 있다. 하지만 과연 정확하고도 현명한 비교일까? 앞의 표는 앞장에서 말한 통계의 함정, 돈의 함정, 비교의 함정에 빠져 있음을 쉽게 알 수 있다. 환경과 조건을 동일하게 적용시켜 계산해보면 결과는 다르게 나온다.

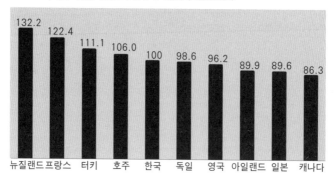

〈OECD 국가별 1인당 국민소득 대비 최저임금 수준〉(2017)

뉴질랜드	프랑스	터키	호주	한국	독일	영국	아일랜드	일본	캐나다
132.2	122.4	111.1	106.0	100	98.6	96.2	89.9	89.6	86.3

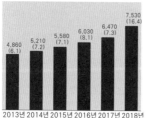

〈시간당 최저임금 추이〉

2013년	2014년	2015년	2016년	2017년	2018년
4,860 (6.1)	5,210 (7.2)	5,580 (7.1)	6,030 (8.1)	6,470 (7.3)	7,530 (16.4)

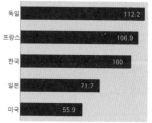

〈국민소득 대비 최저임금 수준〉

독일	112.2
프랑스	106.9
한국	100
일본	71.7
미국	55.9

-고용노동부 최저임금 위원회 표

　단순 절대적 비교가 아닌, 국민 소득 대비만 보더라도 우리는 35개 OECD 국가 중 3위~5위로 껑충 뛰어오른다.

　즉, 국민의 소득 환경이란 조건만을 넣었을 뿐인데 상위권으로 도약한다. 더욱 충격적인 것은, 국민소득뿐 아니라, 국가별 최저임금 계산 방식이 다르고, 여러 가지 수당, 상여금, 숙식비 등 산입방식이 천차만별이다.

〈최저임금 산입 범위 국가별 차이〉

국가	최저임금	상여금	숙식비
한국	6.7달러	×	×
미국	7.2달러	×	○
일본	7.4달러	×	○
영국	8.4달러	○	○
프랑스	11.2달러	○	○
아일랜드	9.1달러	○	○

*한국은 2018년 기준(환율은 7월 16일 기준), 미국은 팁도 포함, 영국 숙식비는 상한 규정, 다른 국가는 2016년 기준,
자료 : 경총 · OECD

〈주요국의 최저임금 수준과 산입 범위 비교〉

국가	적용연도	시간당 최저 임금액 (원화환산)	산입 범위
한국	18.01.01~12.31	7530원	상여금 및 숙식비 제외
미국	09.07.24~	8145원	상여금 제외, 숙식비 · 팁 포함
일본	16.10~17.09	8200원	상여금 제외, 숙식비 포함
캐나다	16.10~	9606원	숙식비(제한) 포함
영국	17.04~	9904원	상여금 및 숙박비(상한 규정) 포함
아일랜드	17.01~	1만 1132원	상여금 및 숙식비 포함
뉴질랜드	17.04~	1만 2473원	휴가비 및 현물급여(식사, 숙소)제외
프랑스	17.01~	1만 1746원	상여금 및 숙식비 포함

*출처 : OECD 최저임금위원회, 최저임금 심의를 위한 주요 노동 · 경제 지표 분석, 2017

만약 산입 방식을 다른 나라와 같이 숙식비를 반영했을 때, 우리나
라 최저임금은 어떻게 변할까?

〈산입 범위 내 급식 반영 시〉

	급식비 5,000원	급식비 7,000원
일 8시간 근무	5,000원÷일 8시간 = 시간당 625원 인상 효과 7,530원+625원 = 8,155원	7,000원÷일 8시간 = 시간당 875원 인상 효과 7,530원+875원 = 8,405원

〈산입 범위 내 급식 + 기숙사 함께 반영 시〉

	급식비 5,000원 + 숙박비 10,000원	급식비 7,000원 + 숙박비 20,000원
일 8시간 근무	10,000원÷일 8시간 = 시간당 1,250원 인상 효과 8,155원+1,250원 = 9,405원	20,000원÷일 8시간 = 시간당 2,500원 인상 효과 8,405원+2,500원 = 10,905원

이뿐 아니라, 더욱 놀라운 것은 전 세계적으로 한국, 영국, 대만만 있는 주휴 수당 20%다! 우리나라는 전 세계적으로 드물게 주 15시간 이상을 일하면 아무리 쉬어도 20%의 수당을 유급으로 더 받을 수 있다. 대부분 주 15시간 이상을 근무하는데 사실상 지급하는 사람 입장은 주휴 수당 20%를 준비해야만 한다.

2018년도 최저임금에 주휴 수당 7,530원×20%(1,506원)=9,036원을 계산해서 반영해보자. 그리고 각 나라별 공통 산입 범위인 숙식비를 넣고 산정법을 동일한 기준으로 비교해보자.

〈산입 범위 내 주휴 수당 + 급식 +기숙사 반영 시〉

	2018년도 최저임금 + 주휴 수당 + 급식비 5,000원 + 숙박비 10,000원	2018년도 최저임금 + 주휴 수당 + 급식비 7,000원 + 숙박비 20,000원
주휴 수당 반영한 8시간 근무	9,036원+625원(급식)+1,250(숙박) =10,911원	9,036원+875원(급식) +2,500(숙박) =12,411원

최소 10,911원, 최대 12,411원이 나온다.

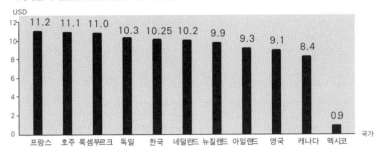

〈국가별 최저임금 산정법 동일 기준으로 했을 때 비교표〉

국민소득 대비 순위 5위권과 산입 범위를 동일하게 했을 때 순위 5위권이 비슷함을 쉽게 알 수 있다. 만약 영국이나 프랑스처럼 기본급+고정수당+상여금+성과금+숙박비+휴가비+명절, 연말 보너스 등 모두를 합해 동일 조건으로 하면 한국은 현재에도 세계 최고 수준의 최저임금 국가임을 누구나 쉽게 알 수 있다.

이렇듯 우리나라의 시급과 다른 나라의 시급을 비교하는 것 자체가 처음부터 잘못된 발상이다. 해외 선진국의 최저임금 사례를 벤치마킹해서 우리나라도 도입하자는 아마추어식 정치 관료들의 생각은 국민들을 더욱 비교의 함정 속에 빠져들게 만든다.

단순 비교 결과 국민 스스로 낮은 최저임금을 받고 있다는 생각을 들게 한다. 이미 우리나라는 세계 최고 수준의 물가와 세계 최고수준 임금의 나라에 살고 있음은 분명하다. 최저임금을 올리겠다는 보랏빛 환상을 국민적 관심으로 만들고 비교하려면 모든 업종, 지역, 환경, 조직, 문화, 여건 등을 동일한 조건 아래에서 시작해야 한다.

하지만 현실적으로 불가능하다. 또한 동일조건으로 하여 우리나라가 최저임금 세계 1위를 차지했다고 치자. 과연 행복할까? 최고의 대우를 받고 최고의 복지 국가에 살아도 욕심은 끝이 없는 법이다.

우리나라는 우리나라만의 스타일이 있다. 최저임금을 국내외 경제 환경을 고려하지 않고 무조건 올린다는 식의 정책 방향은 우리를 더욱 힘든 세상으로 이끌 뿐이다.

서로를 부정적으로 비교하는 사회가 아닌 긍정의 사회로 갈 수 있게 이끌어야 한다.

비교의 함정으로 최저임금을 결정하고 다른 나라와, 다른 기업과, 서로를 비교하는 식의 계속되는 함정에서 빠져나와야 한다. 비교의 함정이란, 모두를 불행에 빠뜨릴 수 있는 무서운 어리석음이다. 비교의 함정에 빠지지 않으려면, 우리만의 길을 선택해서 고유의 행복을 찾아가면 된다. 즉 다른 나라, 다른 회사, 다른 사람임을 서로 인정하고, 우리만의 문화와 우리만의 행복을 하나씩 만들어가야 한다.

여야를 비교하고, 노사를 비교하고, 빈부를 비교하고, 갑을 비교하고 서로를 비교하는 우리의 마인드부터 개선되어야 한다, 그리고 시급이 적더라도 우리가 진정 행복하게 살 수 있다면 그것으로 충분한 것이다. 마치 우리나라의 신드롬을 불러일으킨 〈강남스타일〉처럼 우리만의 고유 스타일, 고유의 방법을 찾아야만 한다. 이제 비교의 함정에서 빠져나와 시급 1만 원 이상도 함께 만들어가는 방법을 알아가 보자.

정치의 함정_ 정부 정책 믿어? 말아?

내 정파의 이익을 위해, 내 집단의 이념을 위해, 내 눈앞의 권력을 위해 바르지 못했던 길을 갔던 정치. 그 정치 현실에서 국민들은 진정한 정치보다는 정치인 개인들의 부끄러운 자화상만 들여다볼 뿐이었다.

국민들은 수도 없이 후회했고 수도 없이 실망하다가 그래도 정치가 살아야 국가가 산다는 열망으로 밖으로 광장으로 뛰쳐나왔다. 촛불 시위, 평화 집회, 가족 문화제 등 온갖 바람을 가지고 보다 나은 진실된 사람이 국민과 나라를 바른 길로 이끌어주었으면 했다. 하지만 국민의 그런 열망을 백 번 알고도 권력이라는 현실에 발을 붙이는 순간, 더 많은 지지율과 더 많은 표심을 위해 포퓰리즘식의 정치에 사로잡혀 올바른 길, 현명한 방법은 잊혀지나 보다.

현실세계는 하루하루 보이지 않는 전쟁처럼 고물가와 고임금 그리고 강성 노조 등의 환경으로 갈수록 어려워지고 있지만, 권력을 잡은 정치인들은 자신의 힘을 법과 규율 그리고 다양한 방법으로 과시하기 바쁜 모양새다. 하루하루 팍팍한 삶을 살아가는 98%의 중소기업 경영인들과 임직원들에게는 너무나 멀고도 먼 다른 나라 이야기일 뿐이다.

지금까지 새로운 정권이 바뀔 때면, 더 많은 표를 얻기 위해 현실을 왜곡하기도, 때론 언론 연출도 하고, 포퓰리즘 복지 정책을 예고하며, 끊임없이 국민들에게 달콤한 물고기만 줄 뿐이었다.

그 어떤 정부도, 정치인들도, 반복적인 딜레마였다. 달콤한 물고기보다 물고기 잡는 방법을 먼저 챙겨주는 사람은 아무도 없었다. 결국 그 물고기는 얼마 가지 않아 바닥이 날 것은 뻔하고, 우리는 또 다른 물고기를 원하며 새로운 정치의 기대와 함정 속에서 헤어 나오지 못하는 악순환이 반복된다. 그리고 오늘도 헤어 나오지 못하는 우리를 발견한다.

나라다운 나라, 정직하고 올바른 대한민국을 이끄는 새로운 리더들은 민주주의 다수의 지지율뿐 아니라, 국가의 미래 경쟁력과 98% 중소벤처기업이 자생할 수 있는 현명한 방법도 제시해주길 간절히 바란다.

우리는 매번 5년마다 새로 뽑은 대통령 중심으로 새로운 정부의 탄생을 지켜본다. 새로운 정부가 출현될 때마다 국민은 앞으로의 5년간, 그들이 설계한 눈앞의 달콤한 물고기에 혈안이다. 하지만 몇 년 뒤다른 정부로 바뀌면 과거 정부의 산물들은 결국, 새로운 정책에 사장되어 없어지는 경우도 많다. 이제 우리에게는 5년뿐 아닌 50년, 100

년 후의 보다 장기적인 안목의 설계가 필요한 시점이다.

국가는 존속하되 집권당은 계속 바뀌어가며 바통을 이어 받듯이, 나라의 근간을 흩뜨리지 말고 미래를 위한 설계를 제대로 해야 한다. 달콤한 대중의 표를 위한 정치의 함정에 빠지는 순간 많은 국민들은 손해만 볼 뿐이다.

정치인들이 정책을 설계하고 입법화시킬 때 물고기보다, 물고기 잡는 법을 우선시하는 현명함을 갖추어야 한다. 나 또한 20년의 시급 생활, 경영 생활 도중에도, 몇 명 안 되는 작은 조직의 책임자가 바뀌면, 끊임없이 다른 방법이 나오고 규율이 변경되는 것을 경험했다.

내 바로 위 선임자가 다른 사람으로 바뀔 때도, 내 조직의 팀장이 바뀔 때도, 작은 매장 사장님이 바뀔 때도, 마치 정치인들이 바뀔 때마다, 더 많은 표를 얻기 위해 달콤한 정책들을 내놓은 것처럼 작은 조직에서도 똑같이 이루어졌다.

수없이 바뀌는 환경 속에서도 유일하게 바뀌면 안 되는 것은 구성원이 지닌 철학과 이념이다. 이것은 구성원과 리더가 하나 되어 현명한 판단을 할 때 비로소 나타나는 것임을 20년이 지난 지금에서야 깨달았다. 그리고 내가 소속된 작은 조직부터 바꾸는 게 가장 현실적인 방법이라는 것도 알았다.

그래서 우리의 조직, 내가 속한 우리 회사만큼은, 달콤한 물고기를 주는 식보다, 물고기 잡는 법을 끊임없이 설파하고 시스템을 만들어나갔다. 그리고 경영 10년차, 나는 그 누구도 알려주지 않았고, 그 어떤 곳에서도 쉽게 접할 수 없는 '시급경영'을 통해 함께 만들어가는 방법을 찾았다. 임직원 모두가 함께 행복해지는 방법을 마침내 찾았다.

2017년 5월, 장미대선.

새로운 정부, 나라다운 나라를 슬로건으로 야심찬 정부가 출범했다. 소득 중심의 경제성장과 더불어 선순환을 위한 일자리 창출, 닭(기업 이윤)이 먼저냐 달걀(임직원 소득)이 먼저냐 식의 단순비교가 아닌, 닭과 달걀을 모두 품을 수 있는 정부를 기대해본다. 2%를 위한 대기업과의 보여 주기식 맥주 파티보다, 98%의 소상공인 중소기업 임직원을 위해 보이지 않는 작은 곳부터 어루만져주는 현명한 정부를 꿈꾼다.

수많은 시행착오로 자생적 시스템이 잘 구축되어 있는 2%의 대기업 집단이 아닌, 정보가 부족하고 누군가의 도움을 간절히 필요로 하는 98%의 2,500만 중소기업 임직원을 위한 나라, 실패와 실수를 응원해주고 격려해주는 나라, 그곳의 구성원들과 경영진들이 시급 1만 원, 2만 원 이상도 함께 만들어갈 수 있는 나라, 그리고 작은 조직의 임직원들이 함께 성장하고 발전하여 그 어느 나라에도 뒤처지지 않을 철학과 마인드가 있는 나라를 기대해본다.

그러기 위해서는, 내가 있는 작은 조직부터 실천해야 할 때다.

시급 전쟁의 시작

7,530원. 2017년 8월, 2018년도 최저임금이 역대 최고 인상액으로 결정되었다. 소득 중심의 경제성장, 그리고 최저임금 1만 원이란 공약, 그 공약대로 최저임금은 역대 최고치로 인상된 것이다. 다수의 표를 위해 움직인 정치의 함정 속에서 우리는 또 한 번의 악순환을 준비해야 한다.

최저임금을 못 주고 적자 나는 기업이 너무나도 많은데, 최저임금을 반강제로 급격히 올리게 된 것이다. 현 정부의 계획대로 최저임금이 1만 원이 된다면 어떻게 될까? 그들의 달콤한 정책대로 우리들은 더 많은 시급, 더 많은 복지, 더 많은 물고기를 받으면서 5년간 행복할 수 있을까? 그들의 장밋빛 계획대로 이루어질 수 있을까?

결국 5년간 1만 원이 된다고 하면, 그 뒤는 아무도 책임지지 않는 사회가 또 한 번 반복될 것이다. 과거 20년간 반복적으로 국민들에게 유혹의 물고기가 되어버린 최저임금, 이번만큼은 심각한 수준의 전쟁이 시작되었다.

〈최저임금 미만을 받는 근로자 비율〉

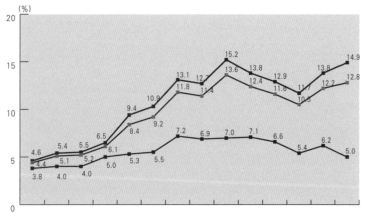

출처 : 〈최저임금의 변화가 임금과 고용구조에 미치는 효과분석〉, 김영민

표에서 보는 바와 같이 최저임금 미만을 받는 사람은 전체 약 13~15% 수준이라고 한다. 정말, 하위 15% 수준의 임금자만 해당되는 것일까?

현실은 일용직이나 임시직 그리고 9인 이하의 소규모 소상공인의 사업장이 대부분 최저임금이 직접적으로 연관되어 있다. 이는 사실상 98% 중소기업 소상공인 임직원들 대부분 연관된 시스템이다.

즉 최저임금 대비 120%, 150%, 200% 이상 지급여력이 있다면 중소기업군, 중견기업군, 대기업군으로 노동시장은 자연스레 형성되며 최저임금의 변동에 따라 시장 전체가 움직이는 구조인 것이다.

최저임금 위원회의 노측 사측은 모두 자신의 입장만 대변하기 바쁘다. 그들 모두 상호 경험도 없을뿐더러, 본인과 본인 집단들의 입장만 대변하기 바쁘다. 2018년 최저임금만큼은 새 정부의 힘으로 공익위원회가 제시하는 안으로 결정되었다.

최저임금 제도란 국가가 노사 간의 임금 결정 과정에 개입하여 임금의 최저 수준을 정하고, 사용자(사업주)에게 일정 수준 이상의 임금을 지급하도록 법으로 강제함으로써 하위 20~30% 저임금 근로자를 보호하는 제도를 말한다.

결국 이 최저임금 제도는 정권이 바뀔 때마다 입맛에 맞게 조정되어왔다. 우리는 이 제도를 두고 을(중소기업 소상공인)과 을(그들의 임직원)의 전쟁으로 부른다. 즉 최저임금을 주어야 할 을과 최저임금을 받을 을의 전쟁이 되어버린 것이다.

최저임금법 제1조에는 "근로자에 대하여 임금의 최저 수준을 보장하여 근로자의 생활안정과 노동력의 질적 향상을 꾀함으로써 국민경제의 건전한 발전에 이바지하는 것을 목적으로 한다"라고 나와 있다.

하지만 이 선량한 의도는 왜곡된 지 오래며, 서로의 입장 차이에 따른 다툼과 갈등만 심화되었다. 최저임금법 제3조에는, 2001년 11월 24일 근로자를 사용하는 모든 사업장에 적용한다.

그러나 이는 근로자별, 지역별, 문화별, 조직별, 산업별, 규모별 등 천차만별의 상황이 다름에도 일괄적으로 적용하여 과잉 보호화된 지

오래다. 사업장마다 규모나 매출, 이익이나 상황 등 모두 다른데, 최저임금에 어긋나면 사업주는 범법자로 처벌을 받는다.

최저임금 위원회에는 근로자대표위원, 사용자대표위원, 공익대표위원 각각 9명씩 구성되었고 이 위원들은 고용노동부 장관의 제청에 의하여 대통령이 위촉한다. 어쩌면 최저임금위원회는 수십 년간 변하지 않는 구세대의 산물이 되어버린 것이다.

〈연도별 최저임금 인상 추이〉

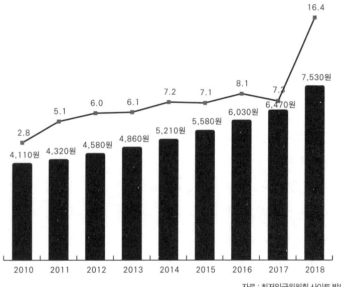

자료 : 최저임금위원회 사이트 발췌

최저임금위원회 몇 명이 국가를 책임지고 현명한 판단을 내릴 수 있을까? 최저임금에 적용되는 하위 20~30%의 소수 인원만 수혜를 보는 것일까?

정답은 오래전부터 아님을 누구나 알고 있다. 이미 많은 조사와 통계분석에 의하면 최저임금의 상승은 전체 임금 근로자의 임금을 높이는 것으로 나타났다. 하위 23.6%의 463만 명의 최저임금을 받는 사람만 법적 수혜를 보는 것이 아닌 것이다. 또한 수혜대상에 들어가지 않는 대부분의 집단들이, 도미노처럼 최저임금과 같이 따라가게 되거나, 상위 76.4%의 2,000만 명은 최저임금 종사자들이 많이 포진된 외식·식음료의 고물가를 겪어야 하고 고통을 함께 감내해야 한다.

즉, 위원회 몇 명이 국가 전체의 임금인상을 도미노처럼 부추기는 상황이 되어버린 것이다. 나는 시급 생활 10년, 경영 생활 10년 총 20년간의 서로 다른 생활을 해보았다.

앞으로 시급 1만 원 시대의 도래는, 현 정부 리더의 생각이 변하지 않는 한 계속해서 실행될 것이고, 결국 심각한 전쟁이 다가올 것이다. 새로운 정부가 원하는 소득 주도의 성장에 자칫 소득을 줄 수 있는 98%의 중소기업들이 수없이 많이 도산할 것이다.

정부가 최저임금을 올리고 정부 일자리를 많이 창출하면 소득이 올라갈까? 양질의 공무원을 많이 만들고 정규직 전환으로 일자리를 창출하면 소득이 올라갈까?

우리 사회는 2%의 대기업이나 공무원의 일자리가 아닌 98% 생활밀착형 중소벤처 소상공인 일자리가 대부분이다. 소상공인, 중소기업이 번영되는 일자리 창출, 기업이 잘되어야 소득을 늘리고 분배할 수 있지만, 기업이 없으면 소득의 증가 자체가 아무런 의미조차 없어질 것이다. 소 잃고 외양간 고친들 무슨 소용이랴. 그 소가 여물을 잘 먹고 우유(소득)를 잘 짜고 그 우유로 많은 사람이 풍족한 삶을 사는 것은 이미 수천년간 변치 않는 방법인데도 말이다.

최저임금은 단순히 정부의 법적인 기준이 아니다. 모든 임직원이 함께 만들어갈 보이지 않는 의무 사항임에도 우리나라는 아직도 구시대적인 시스템으로 국민을 유혹하고 있다. 직원은 회사가 법을 준수하지 않으면 나라에서 보호해주지만, 중소기업 소상공인은 법을 준수하지 못하면 폐업하거나 빚을 떠안아야만 한다. 시급 1만 원이 급격히 정착될 향후 몇 년 내 엄청난 쓰나미가 기다릴 것이다.

기업들은 인력을 채용하기 꺼릴 것이며, 소상공인 중소기업은 법의 예외인 가족 경영 위주로 될 것이고 공공기관 일자리가 계속해서 늘어나 국가 빚은 산더미로 쌓일 것이다.

국민을 위해서 최저임금을 보장해 최저 생활을 안정시킨다는 취지야 백번 환영하지만, 국내 작은 조직의 경영 시스템은 지급여력 자체를 못 따라가는 것이 현실임을 알아야 한다.

기업 스스로 시급 1만 원 이상도 지급할 수 있는 경영방법과 시스템을 마련해주고, 그런 작은 기업에서 일하는 임직원들을 사회적으로도 인정해준다면 더할 나위 없이 좋을 것이다. 하지만 현실은 다수의 표를 위한 포퓰리즘 정책이 앞서고, 결국 몇 년 내 우리나라의 미래가 더욱 우울해질지도 모른다. 그리고 이러한 불안감은 시급 1만 원이 강행되는 향후 5년간 극에 달할 수 있다.

몇 년 내, 급격히 50%의 임금이 오르면, 우리나라 98% 소상공인,

중소기업은 같은 시기에 50% 이상 문을 닫거나 50% 일자리가 없어지거나 50% 물가가 급등하는 것도 각오해야 한다. 진정한 시급 전쟁이 시작된 것이다.

시급 전쟁의 폐해

2021년 여름!

또 한 번 최저임금이 역대급으로 오른다. 시급 10,000원

소비 감소, 고물가, 그리고 전체적인 나라 경제가 끊임없는 위기에 처해 있지만, 더 많은 표, 더 많은 국민들을 사로잡기 위해 바르지 못한 길을 5년째 간다.

기업들의 공장과 생산 시설 대부분은 해외로 나가고 있고, 지급 능력 한계를 벗어난 영세 기업들은 폐업률이 사상 최고치에 도달했으며, 신용불량자와 범법자로 전락하고 있다. 고용노동부는 노사 간 끊임없이 싸우고 돈 못 받는 사람들로 예전과는 비교할 수 없을 정도로 많이 붐빈다.

2021년 정부는 중소기업 소상공인의 추가 임금 상승분 15조 2,000억을 5년째 부담한다. 하지만 이마저도 정권이 바뀌면 보조금이 없어진다는 소문만 무성하다. 2018년부터 세계적으로 유례없이 임금 상승분을 국가에서 보조하는 정책을 펼쳤고 국가 재정은 갈수록 빚만 늘어가고 있다. 그에 따라 정치권의 싸움은 하루가 멀다 하고 계속된다.

영세업체 대부분은 보조금을 받기 위해 일용직이나 4대 보험 신고를 자연스레 하고 있지만, 결국 1인당 보조금만큼의 세금을 더 내고 있음을 알고 현 정권에 실망하게 된다. 국민의 환경과 상황 그리고 눈높이는 아직 버거운데, 정치의 함정으로 최저임금 정책이 반복되고 있다.

2021년 물가가 날개 달린 듯 계속 오른다

모든 식음료 가격이 오른다. 시급 상승분보다 더 오르고 동시다발적으로 오른다. 전반적 물가가 도미노처럼 오르기 시작한다.

정부가 아무리 물가를 잡는다고 하지만 암암리에 소형 음식점 등 식음료 가격은 끊임없이 오르고 있다. 최저임금의 인건비가 오른 만큼 그들은 사활을 걸고 올려야 살 수 있다.

모든 물가가 함께 오른 2021년의 시급 1만 원은 무의미하게 된 지 오래다. 시급 1만 원이 되면서 자장면 한 그릇도 1만 원이 되었다.

과거 우리는 시간당 3,000원 최저임금일 때 자장면 3,000원에 사 먹었지만, 6,000원대 시급일 때는 똑같이 6,000원까지 올랐고, 결국

1만 원대 시급이 되니 10,000원까지 올라갔다. 식음료 가격은 최저임금 상승분에 맞추어 귀신같이 따라가고 있다.

결국 정부가 주도한 시급 1만 원의 소득 중심의 성장이 고물가인 외식 식료품 지출로 계속되고 있다. 최저임금 종사자들 대부분 외식, 숙박, 서비스업에 종사하고, 결국 생활 물가 가격이 함께 오르는 것은 이제 국민들도 대부분 알고 체념한 채 생활하고 있다.

2021년 사람이 먼저가 아닌, 채용을 겁낸다

기존 근무자의 근무 시간도 짧아지거나 일자리가 줄어든다. 해고도 된다. 사람이 무서워진다. 직원 한 명 뽑으려면 부담스러운 시급이 먼저 떠오르기 시작한다. 사람의 됨됨이와 꿈을 먼저 물어봐야 하는데, 경영자도 모르게 시급과 월급이 부담스러워 사람이 돈으로 보이는 것이다.

또한 높은 최저임금으로 잠시나마 바쁠 때 일하는 파트타임은 하나둘 없어진다. 차라리 그 시간에 조금 힘들더라도 가족으로 대체하거나 아니면 사장이 더 땀을 흘리고 만다는 경영방식이 만연된다. 급기야 경영자 가족들은 경영이 어려울 때면 최저임금보다 못한 시급으로 서로 눈물을 머금고 일하기도 한다.

최저임금도 못 줄 때 가족의 도움의 매우 컸지만 가족들도 계속되는 고임금에 차라리 서로 다른 일을 찾아가자는 식의 갈등만 커진다. 중소기업 소상공인들은 열악한 환경에서 위기 상황이 올 때면, 가족의 도움이 없으면 결코 살아남을 수 없었지만, 시급 1만 원 시대는 가족뿐 아니라 모든 사람이 무서워지는 것이다.

결국 사람 없이 운영하는 경영 방법들을 연구한다. 갈수록 무인화 시스템으로 전환되고 채용을 기피한다. "사람이 먼저다"는 슬로건으로 인재에 대한 욕심으로 현 정부가 운영된 지 5년째이지만, 현장 상황은 사람이 제일 후순위가 되고 있다.

한 사람을 채용하면 높은 급여를 감당할 수 없고 끝까지 책임질 수 없기에 갈수록 힘들어지고 무서워지고 팍팍해진다. 소득 주도의 성장이 결국, 소득을 주고 있는 98% 모든 중소기업 소상공인들이 사람을 기피하는 현상으로 전이된다.

몇 년 전만 하더라도 무인 포스를 쓰면 혁신적이라 했지만, 이제 대부분 셀프시스템 무인시스템은 대중화된 지 오래다. 자동주문, 무인경비, 셀프주유소, 무인편의점, 무인제조공장 등 갈수록 4차 산업에 맞추어 급격하게 변화된다. 그 변화의 주역은 다름 아닌, 시급 1만 원이란 정책이 한몫했다는 웃지 못할 말이 나오고 있다.

〈'시급 1만 원' 대비 인력 감축 어떻게〉

대전 둔산 A아파트	무인경비 도입 14명 감축 추진
서울대	건물관리 무인화 20여 명 전보
한솥도시락	자동주문, 카운터인력 절반 감축
맥도날드 · 롯데리아	키오스크 매장 확대, 주문인력 감축

출처 : 〈매일경제〉(2017년 6월 22일자)

2021년 중산층의 지갑이 닫힌다

고물가에 팍팍한 살림살이로 돈 쓰기가 겁나고, 상대적으로 지갑을 열 수 없게 된다.

중산층들은 이제 더욱 지갑을 열지 않고 있다. 최저임금 수혜자들은 정부정책으로 매년 16% 이상의 급여가 오르지만, 그에 속하지 않는 사람들은 상대적 박탈감을 느끼고 있다.

더군다나 최저임금 수혜자가 아닌데도 식음료의 생활 물가가 오르면서 중산층 이상의 사람들은 자기도 모르게 지출이 늘어나고 있음을 발견한다.

이미 시급 1만 원 이상을 받고 있는 중산층 사람들은 오른 물가로 인해 지출비용 부담이 계속해서 늘어나고 삶이 더욱 팍팍해진다. 결국 더욱 지갑을 닫을 수밖에 없는 상황이 온다.

또한 최저임금 인상만큼은 아니더라도 내 조직 사장들에게 임금을 올려달라고 건의하는 것이 습관화되었다. 결국 임금 인상률을 비교하고 격차가 줄어든다는 것을 느낀 중산층들은 자신들의 지갑을 닫든 임금을 조금이라도 더 올리든 위기감이 팽배해진다.

2021년 중·소상공인들의 폐업 쓰나미

2021년, 최근 30년 내 사상 최대치의 폐업률과 금융이자 연체율을 기록했다. 중소기업 소상공인들의 폐업률은 과거에도 높았지만, 최근 5년간 더욱더 높아지고 있다. 과거엔 창업이라도 쉽게 했지만, 2021년 창업의 욕심보다는 안정적 임금의 욕심이 압도적으로 많아 창업률도 현저히 떨어졌다.

정부가 그만큼 급여를 올려주고 보호해준다는 안정적인 삶이 창업의 도전정신을 없애게 만든 것이다. 그나마 창업을 선택한 사람의 폐업률은 날이 갈수록 높아져 쉽게 문을 닫고 있다.

2007년 함께 창업한 100여 명의 창업 동기생들 중 10년간 살아남은 업체는 1~2개 업체였지만, 2021년에는 1,000명의 창업생 중 1~2개 업체만 살아남는 통계로 바뀌고 있다. 경영을 잘해서 10년간 살아남은 게 아니라, 그만큼 우리나라 중소 소상공인 경영 환경과 시스템이 열악하여 어렵고 힘들다는 것을 반증한다. 중소 소상공인들은 살아남기 위해, 망하지 않기 위해 다양한 변화의 전쟁터 속에 처절한 몸부림이 계속되고 있다.

500만 소상공인의 무덤이 되는 엄청난 쓰나미가 대한민국을 덮치고 있다. 2017년보다 50% 이상 인건비 지출이 늘어나서 아무런 대책이 없는 중소기업, 경영의 방법을 모르는 소상공인의 절반은 경쟁력이 약화되어 결국 문을 닫고 있다. 전 세계적으로 인구 대비 유일하게 자영업자가 많은 대한민국이지만, 세계에서 제일 꼴찌 수준의 경영관리 시스템으로 진정한 어려움에 직면하고 만다.

2021년 해외로, 해외로… 국내로, 국내로

많은 사람이 필요한 산업은 해외로 나가고 싶어 하고, 국내에서는 외국인의 최저임금을 기대하며 채용하기도 한다. 이미 한국인의 눈높이는 최저임금으로 채용할 수 없었고, 외국인들은 세계적으로 높아진 우리나라 최저임금에 눈독을 들인다.

즉 우리나라 기업들은 저임금 국가로 나가게 되거나, 국내에 있다면 자동화·무인화의 4차 산업에 발맞추어 많은 기술을 도입하게 된다. 저임금 국가의 국민들은 우리나라 노동시장에 환영을 하며 국내로 더욱 적극적으로 들어오게 된다.

결국 최저임금이 올라가면 많은 기업들은 해외로 진출하거나 자동화 시스템을 도입하고, 인력이 필요할 때는 최저임금의 외국인만 더 찾는다.

최저임금의 급격한 인상으로 대한민국은 엄청난 위기가 온다. 소득 중심의 성장이 아닌, 소득의 원천이 좌초될 위기가 온다. 또한 시급을 올리는 방법인 경영 시스템을 준비하지 않은 채, 시급 만 원이란 급격한 시행은 전 세계적으로도 찾아볼 수 없는 국내 경제의 큰 위기를 불러올 것이다. 현재 임금이 급격하게 50% 오를 때 지금보다 50% 물가가 인상되거나 국민들의 지갑이 닫힐 것이고, 50% 경질이나 추가 인력을 채용하지 않을 것이며, 경영 시스템이 열악한 중소벤처기업 50% 이상이 폐업할 각오도 해야 한다.

최악의 경우는 이런 세 가지 리스크가 모두 발생할 수 있다.

유일한 돌파구

20년 전 음식점 알바를 했을 때 일이다.

첫 면접 때 나는 "사장님, 시급이 얼마예요?" 라고 물었더니, 사장님이 "1시간 근무해보고 밥 한 끼 맛있게 먹고 가렴"이라고 답했다.

그럼 그게 시급 수준이 되었다. 난 한 시간 동안 열심히 서빙하고 배달하고 설거지했다. 그리고 한 시간에 한 끼 식사를 할 수 있을 정도의 비용을 받았다. 현장에서는 이렇게 시급이 결정되었다. 1시간의 시급 = 1시간의 식사비란 계산법이 나왔다. 즉, 최저임금을 받는 대부분의 사람들은 음식, 생필품, 도소매, 서비스 등의 자영업 종사자로서 식사와의 연동은 떼려야 뗄 수 없는 관계가 되었다.

20년의 세월을 돌이켜보니, 당시 2,000원대의 시급을 받으면 밥 한 끼 먹을 수 있는 비용 또한 2,000원대로 가능했다. 10년이 지난 지금은 6,000원대의 시급으로 일반적인 밥 한 끼 또한 평균 6,000원대로 올랐다. 이상하게도 시급과 보통의 식사비가 귀신같이 따라갔다.

나는 새로운 개념을 만들지 않으면 무너진다는 절박감에 최근 10년의 경영 생활에 임했다. 유일한 돌파구는 게임의 룰을 바꾸어야 한다는 점이다. 최저임금을 주고받는 시스템보다 최저임금을 함께 만드는 시스템, 최저임금을 노사가 함께 높이는 시스템을 연구했다.

우리나라 정부 정책을 믿고 무언가가 될 것이란 희망을 바랄 시간에 작은 조직인 나의 조직부터 방법을 찾아야만 했다. 자연스레 자생할 수 있는 방법을 찾아냈다. 법을 지키지 말라는 소리가 아니다. 법을 준수하면서도, 법 이상도 가능한 터보 엔진을 달아야 한다. 물고기가 아닌 물고기 잡는 새로운 방법을 우리는 찾아야만 했다.

인생의 기회는 3번 있다고 한다. 하지만 나의 인생의 기회는 늘 찾아왔다.

미술을 하기 전과 후,

게임을 하기 전과 후,

영업을 배우기 전과 후,

군대를 가기 전과 후,

책을 읽고 쓰기 전과 후,

창업을 하기 전과 후,

남들은 기회로 보지 않을 때, 나는 매 순간 기회로 의미를 부여했다.

신기하게도, 절박한 상황과 간절한 염원, 그리고 새로운 돌파구를 찾고 싶을 때면,

더욱더 큰 기회가 찾아오곤 했다. 2007년 창업 또한,

단순히 돈을 벌기 위함이 아닌, 내가 태어난 궁극적 이유,

더 많은 사람들에게 새로운 가치를 선사하기 위한 염원이 기회로 다가왔다.

PART 3

얼마면 되니?

받는 이에서 주는 이로

나라면 풍족한 시급을 주며, 행복한 일터를 만들 수 있지 않을까? 여러 생각과 고민을 거듭하다가 2007년 창업을 시작했고, 시급 생활 10년 만에 시급을 주는 사장으로 순식간에 역전되어버렸다.

당시 내 나이 26세. 사장이란 호칭이 어색하고 부담됐지만, 나만의 사명감과 부푼 꿈을 안고 사장임을 인정하고 받아들여야만 했다. 주위 친구나 지인들은 사장이란 직책 하나로 흙수저에서 금수저로 역전했다거나, 을에서 갑으로 바뀌었다고 무성한 스토리를 만들어냈다.

그러한 주변 시선과 기대에 실망시키지 않으려 더욱 열심히 임하기도 했다. 하지만 경영을 시작한 지 얼마 지나지 않아 사장이란 직책의 책임감과 중압감은 나를 심하게 억누르기 시작했다.

"사장님, 제 시급 언제 올려주세요?"

"사장님, 제 급여가 생각보다 적은데요! 다시 계산해주세요."

"사장님, 제 급여일 늦지 않게 꼭 주세요."

급여 문제부터 시작해서 직원들과의 갈등, 동료와의 갈등, 거래처와 갈등, 고객의 클레임 등 예상했던 것보다 훨씬 더 많은 사건·사고가 연속적으로 발생했다. 그중에서도 모든 문제는 바로 사람으로부터 시작되었다.

지난 10여 년간의 시급 생활을 하면서 겪었던 서러움과 어려움을 내 조직, 내 회사만큼은 문제 없이 해결할 것만 같았는데, 현실은 많은 시간과 비용 그리고 노하우가 필요했다.

사장이 되면 행복할 줄 알았는데, 더 많은 빚만 늘어가고, 막중한 책임과 스트레스가 온몸을 짓눌렀다. 편두통과 허리디스크 등 없던 병까지 생겨나며 나를 조여오는 극심한 시달림에 끊임없이 힘들었다. 받는 입장에서 보면 제일 더디게 돌아왔던 급여일이, 주는 입장이 되니 늘 쏜살같이 찾아왔다.

'벌써 급여 날인가?'

고작 1~2주쯤 지났겠거니 하며, 걱정스런 마음에 통장 잔액을 들여다보는 것도 이제 습관이 돼버렸다. 임직원이 볼새라 항상 밝게 웃고 있지만, 속은 남몰래 타들어 가고 피 말리는 경영 생활이 10년간 이어졌다.

끊임없이 오르는 최저임금을 감당하지 못하기도, 초과 수당, 주휴 수당을 제때에 못 주는 날들도 있었다. 뿐만 아니라, 약속일에 상환하지 못한 채무로 신용 불량과 더불어 부도 위기는 10년 내내 단골손님처럼 찾아왔다.

　이대로 가다간 망할지도 모른다는 간절한 심정으로 나는 하루하루 뛰어다니며 돌파구를 찾고 끊임없이 변화를 시도했다. 시급을 받는 입장이 된 10년에 비해, 주는 입장이 된 10년은 상상도 못할 일들이 벌어지고 있었다.

　창업 초창기 야심찬 마음으로 2~3년 안에 안정적 경영을 이루겠다는 목표는 현실의 높은 벽에서 허무하게 무너져만 갔다. 처음부터 잘 나가는 회사는 없었다. 창업 1~3년차, 5~7년차 정부에서 정해준 단계별 경영기간은 아무런 의미가 없었다. 내 기준에서는 10년이 지나도 초기 기업처럼 어렵고 힘든 시기였다.

　내가 제대로 경영을 못하는 것일까? 아니면 모든 경영이 이렇게 어렵고 힘든 것일까? 10년이 지난 시점에서 보니, 창업 교육 이수 동기생 100명 중 98% 이상이 이미 폐업을 하고 다른 일을 하고 있었다. 처음부터 잘 나가는 조직과 회사는 모두 거짓이고 허황된 스토리였다.

　10년 내내 힘들고 어렵다는 것을 임직원들은 알고 있을까? 내 주변 지인들은 알고 있을까? 주는 입장은 받는 입장, 그 이상으로 어렵고 힘든 시기가 최소 10년이 필요하다는 것을 늦게나마 깨닫게 되었다. 보다 정확히 말하면 10년의 경영 기간 동안 살아남기 위해 악착같이 변화해야만 했다.

그래, 얼마면 되니?

"시급, 월급, 연봉은 얼마인가요?"

면접 때마다 면접자들은 가장 궁금해하며 물어보는 질문이다. 돈이나 조건을 가장 먼저 물어보는 사람들, 그들은 더 나은 조건을 묻기 바쁘다. 난 그들에게 항상 반대로 물어본다.

"얼마를 원하세요?"

돈을 원하는 사람은 나 또한 돈을 먼저 물어봤다. 안타깝지만 씁쓸한 현실이다. 마치 돈으로 유혹하듯 채용 공고에 올려놓아야만 작은 회사는 그나마 홍보가 된다. 위와 같이 돈부터 물어보고 조건부터 물어보는 사람은 신기하게도 우리 조직에서 오래 버티지 못했다. 그들은 또 다른 좋은 조건을 보면 마음이 흔들려 곧바로 이직을 꿈꾸는 사람들이었다.

작은 조직, 작은 회사일수록 구인난에 끊임없이 허덕인다. 구직자 입장에서는 작은 회사일수록 조건, 환경 등 여러 가지가 열악하기 때문에 지원을 하지 않는다. 나 또한, 시급 생활 10년 동안 마음만 먹으면 언제든 일자리를 쉽게 구할 수 있었다. 시급이 낮은 일자리는 정보지와 채용 사이트에 넘쳐났기 때문이다.

사업을 시작하면서부터 시급 생활 동안 꿈꿔왔던 그리고 가장 먼저 하고 싶었던 일을 추진했다.

"지역에서만큼은 동종업종 타사 대비 30% 이상 시급을 더 주자!"

그리고 광고를 당당하게 올렸다. 이 시급, 이 연봉에 입사하고 싶으면 오고, 아니면 말라는 식이었다. 초기에는 꽤 유명세를 탔다. 다른 곳보다 더 많은 시급을 제시하니, 다른 곳보다 더 많은 사람들이 지원하기 시작했다. 더불어 더 많은 고객들이 궁금해하고 찾기 시작했다.

나 또한 타사보다 시급이나 월급을 더 많이 책정해주고, 가치와 철학이 다르다는 것에 자부심을 가졌다. 작은 조직에서 시급을 올려보니 선순환이 시작되는 것만 같았다. 마치 소득 주도의 경제성장을 모델 삼은 새로운 정부 정책처럼 난 이미 10년 전 작은 조직에 도입해 본 것이다. 하지만 몇 년이 되지 않아 여러 가지 이유로 직원들이 아우성이었다.

"사장님, 근무 환경이 열악해서 못하겠어요."

"사장님, 건강이 안 좋아져서 못하겠어요."

"사장님, 다른 직원 때문에 못하겠어요."

"사장님, 사장님하고 맞지 않아서 못하겠어요."

이런저런 이유로 채택했던 높은 시급정책은 그리 오래가지 못하고 시들해졌다. 오히려 그만둔다는 협박성 소리가 더 많았다. 기간을 따져보니 파트타임은 길어야 2~3개월, 직원은 길어야 6개월~1년 정도 일하고 그만두기 바빴다. 신기하게도 내가 과거 시급 생활을 하며 이직했던 기간과 비슷했다.

사업 초기이니까 그렇겠지 스스로 위안을 했다. 높은 시급을 제시할수록 반짝 몇 개월만 인기 있었다. 오히려 높은 급여에 적자만 늘어나기 시작하고, 구직자들 사이에서는 "힘들고 열악하니까 시급이 높은 거야"라는 구설수만 무성했다.

순간, 뒤통수를 한 대 맞은 듯했다. 내가 시급 생활을 하면서 그토록 추구했던 높은 시급, 좋은 조건이 전부가 아니었음을. 돈으로 사람을 현혹시키거나, 돈이면 견디고 할 수 있다는 것은 모두 돈의 함정에 빠지고 있다는 것을 몇 년이 지나서야 비로소 깨달았다. 직원들은 과거의 나처럼 돈을 보고 오는 사람도 있었지만, 자신들의 생각과 기준이 천차만별 다르기 때문에 전반적 경영 시스템이 잘 갖추어지지 않는 한 악순환의 반복이란 결론을 내렸다.

즉 돈보다는 환경을, 환경보다는 동료를, 동료보다는 복지나 자기계발을, 자기계발보다는 그들의 소중한 목표와 꿈을 각각 우선하고 있었다.

작은 조직이었던 우리는 그들 모두의 뜻을 만족시켜주기에는 너무나도 벅찼다. 돈으로 유혹을 했지만, 결국 돈의 함정에 끊임없이 빠지게 되어 계속되는 부도 위기까지 찾아왔다. 어려워지는 것을 알아챈

직원들은 "언제 부도날지 모르는 회사야"라는 구설을 남긴 채 하나 둘 떠나기 시작했다. 그리고 그들은 더 나은 조건, 더 나은 환경을 찾아 과거 나처럼 이직생활을 거듭했다.

다른 조직을 찾아 헤맸던 10년의 시급 생활 동안 나는 이직하는 조직에 미안한 마음을 가진 적이 없었다. 하지만 경영자 입장이 되니, 우리 조직보다 더 나은 조직으로 떠나는 모습을 볼 때면, 한없이 야속하기도 억장이 무너지기도 했다. 그리고 속으로 다짐했다.

'지금은 우리 회사가 부족해서 떠날지 모르겠지만, 몇 년 뒤 반드시 떠나게 된 것을 후회하도록 좋은 회사를 만들거야', '즐겁고 행복한 일터를 만들어서 힘들 때 등 돌렸던 이들을 후회하게 만들 거야.' 조금 유치했지만, 속으로나마 이렇게 되뇌어야만 마음이 풀어졌다. 그리고 10년간 수천 명의 임직원들이 들어오고 나갈 때마다 더 나은 시스템으로 보완해나갔다.

수십, 수백 대 일의 경쟁률을 뚫고 입사하는 조직은 전체 2%의 소수의 조직뿐이다. 우리같이 작은 조직, 알려지지 않은 98%의 조직은 지원하는 한 명 한 명이 소중하다. 한 사람이라도 면접을 보러 오면, 마음속 기쁨을 감추지 못했고, 그들과 함께 오래오래 꿈을 만들어가고 싶었다.

그들을 믿고, 가족 같은 희로애락을 만들어가고 싶었다. 하지만 그건 나만의 이상주의적 상상에 불과했다. 대부분의 사람들이 시급 생활의 나와 같이 더 나은 조직으로의 이직을 선택하고 있었다.

더 오래 다니고 싶고, 더 오래 머물고 싶고, 더 행복하고 안정적인 생활을 하고 싶지만! 이러한 조직은 최소 10년 이상이 걸려야 가능했다. 대부분의 사람들은 초기 불안정한 조직에 참여하기를 주저했다.

그래서 구직자들은 연봉, 환경, 문화 등 전반적인 시스템이 열악한 중소기업 소상공인보다 이미 10년 이상이 된 대기업과 중견기업 그리고 공무원과 교사 같은 안정적인 조직을 추구하는 것이다.

유일한 방법은 작은 조직, 기업이 더욱 분발하여 최소 10년이라는 시간을 견뎌내거나 탄탄한 시스템을 배우고 적용하여 10년이라는 시간을 단축시키는 것뿐이다. 10년이 지난 요즘의 면접은 '얼마를 원하세요? 어떤 조건을 원하세요?'라는 질문보다, '꿈은 뭔가요? 앞으로의 목표는 뭐예요?'라는 가슴으로 대답할 수 있는 질문을 먼저 하고 있다.

돈과 조건만을 따지는 사람, 과거의 조직에 대해 험담을 하는 사람은 아무리 사람이 급해도, 절대 채용해서는 안 될 0순위임을, 10년이 지난 시점에서 깨달았다.

채용 전 교육실습 계약

신규 직원을 채용할 때 입사 첫날 반드시 교육실습 계약서를 작성하고 처음 2주간은 본인의 희망연봉을 기록해 두고 함께 일을 해본다. 즉, 2주간 함께 교육과 실습 오제이티(OJT)를 통해서 그의 역량을 마음껏 발휘하게 해본다. 경력직이든 신입이든 그들과 회사 간의 2주간의 발칙한 동거를 해보는 것이다.

2주라는 짧지만 긴 시간 속에 그들의 성향, 태도, 마인드가 조금은 보이고, 그것을 기반으로 최종 연봉을 협상한다. 물론 희망연봉의 80~120% 사이에 결정되지만, 그마저도 결렬되면 서로 갈 길을 가게 된다. 단, 이때 중요한 것은 교육 실습비는 최저임금 수준으로 책정한다. 최저임금을 받고 2주간 배우고 도전하고 실습하는 것이다.

'내가 최저임금밖에 못 받는 사람인가?'라고 생각하는 사람도 있겠지만 반대로 시급, 월급, 연봉의 조건만 보고 오는 사람들은 절대로 이 과정을 견디지 못한다. 그런 이들은 유난히 돈에 예민하고 스스로의 역량보다 돈과 조건을 우선시한다. 그들은 애초에 이러한 교육 실습도 하기 싫어한다. 즉, 본인의 희망연봉만을 고집한다.

안타깝게도 그들은 이직률이 제일 높으며, 길어야 몇 달 일하고 조직에 피해만 입히고 떠난다. 더 나은 조건인 돈을 위해 서슴없이 이직을 하는 사람이다. 결국 꿈과 가치를 보고 오는 사람들이 교육 실습 기간에 도전할 것이며, 반대인 사람은 처음부터 교육 실습에 참여하지 않거나, 중도 하차할 확률이 높다. 사람이 없다고 사람 구하기 힘들다고 아무나 채용하기 시작하면 문 닫는 지름길이다.

시간이 다소 걸리더라도 진짜 알짜배기 인재를 뽑아야 그들도 조직도 함께 상생한다. 설사 지금은 조금 힘들고 돈이 더 들어가더라도, 제대로 된 사람들과 함께 꿈을 만들어가면 된다. 즉, 교육 실습 기간에 서로를 알아가보고 보석과 같은 인재를 채용하라.

돈을 많이 받는데도 제 몫을 못하는 사람들, 돈을 조금 받는데도 두 몫 세 몫을 하는 사람들, 분명한 것은 돈이 전부가 아니라는 것이다. 꿈과 목표를 일치시키고, 다소 열악하더라도 긍정의 마인드로 방법을 찾아가는 사람이야말로 진정한 인재임을 알아야 한다.

보이는 시급 VS 진짜 시급

내가 시급 생활을 할 때인 15~20년 전만 하더라도, 시급 8,000원 10시간 일하면 8만 원 일당(당시에는 시급이 훨씬 낮았지만 이해를 돕기 위해 요즘 시급 수준으로 변경한다)을 받았다. 이런 식으로 쉽게 계산되었다. 아무런 문제가 되지 않았다. 오히려 시급을 받을 때는 진심으로 감사함을 느끼고 사장에게 고마움을 표현했다.

10년 전 경영 초기 급여를 입금하면 50% 이상 서로 감사하다는 말을 문자로든 말로든 주고받았다. 직원이 사장에게 "감사하다"는 표현을 하고, 나 또한 "고생 많으셨어요. 더 열심히 해서 함께 키워봅시다!"라고 말했다. 이렇게 직원과 사장 간의 한 달에 한 번이지만 서로에게 예의와 덕담을 표했다.

그런데 지금 상황은 많이 변했다. 사장과 직원 간 감사의 표현은 온데간데없고, 오히려 정당하게 일하고 급여를 받는다. 또한 당연한 노동의 권리로 여기며 행동하기도 한다. 조금이라도 계산이 틀리기라도 하면 역으로 이야기하는 식이다.

"사장님, 계산이 ○○원 잘못되었네요. 내일까지 꼭 처리해주세요."

감사함이나 수고함의 표시는 없어진 지 오래다. 물론 지금도 간혹 표현하는 분들도 있지만, 예전에 비해 많이 줄어든 것은 사실이다. 대부분의 직원들은 노동법을 경영자보다 더 많이 알고 있다. 법을 준수하기 전에 도의적인 예의와 철학이 먼저인데도 노동의 권리로 표현할 때 깜짝깜짝 놀랐다.

"사장님, 제가 열심히 일한 권리를 잘 챙겨주세요."

"사장님, 힘들게 일했는데 제대로 주셨으면 좋겠습니다."

"사장님, 노동부에 문의해보았더니 부족하게 나왔습니다."

이런 식으로 자기 권리에 대한 정확한 표현을 해온다.

법이 강화되고 더욱 투명해지다 보니 나 또한 정확히 알아야 했지만, 법의 체계를 알면 알수록 더 복잡해져만 갔다. 경영하기도 바쁜 와중에 시급 계산과 급여 정산에 끌려다녀야만 했다. 그나마 급여 담당 직원이 있다면 다행이지만 대부분 중소 소상공인의 인사 담당자는 사장인지라 그 업무를 모두 도맡아 알고 있지 않으면 안 되었다. 최근의 법을 기준으로 계산을 정확히 해보자.

• 시급 8,000원으로 쉬는 시간을 정하지 않고 10시간 일할 시

❶ 주휴 수당 준비(주 15시간 이상 근무자에게 20% 추가 지급)

❷ 8시간을 초과한 2시간 연장 수당 x 1.5배(쉬는 시간을 제외한 8시간을 초과하면 연장 1.5배)

❸ 주말 or 심야 수당 x 1.5배(저녁10시 이후 심야수당 1.5배 연장수당과 중복지급)

❹ 퇴직수당 월 급여의 약 10% 적립

❺ 기타 의무 보험료 50%분

❻ 상여금 보너스 준비는 최소한의 기대치만큼(회사 사정에 의해 늘리거나 줄일 수 있음)

❼ 중식 식사비용 의무, 숙박 비용은 선택(최소 1끼의 중식비는 회사에서 준비, 타 지역이면 숙박 비용도 선택적 부담)

❽ 출퇴근 비용 선택 준비(회사가 대중교통이 불편한 외곽에 있을 시 통근비를 지원해야 지원자가 옴)

❾ 1년이 넘으면 생기는 연차수당 또는 연차휴가 그리고 임금 인상 준비

❿ 인재 양성을 위한 회식, 교육, 기타 복지 등 제반 비용

이와 같이 10가지의 추가 비용을 합산해보았을 때, 현재 시급 대비 최소 160% 이상은 준비해야 한다. 즉 8,000원의 최소 160%를 계산해 보면 12,800원의 시급이 된다.

받는 사람 기준의 8,000원은 한없이 적을 수 있지만, 사실상 한 사람을 채용할 경우 주는 사람의 시급은 12,800원이 된다. 받는 사람 입장에서는 당연한 것이라고 생각하지만, 주는 사람 입장에서는 앞의 10가지의 보이지 않는 비용까지 생각하지 않으면 절대 안 된다. 보다

더 정확히 말하면, 의무적으로 준비해야 한다.

문제는 여기서부터 시작된다. 받을 사람 입장에서는 보이지 않는 비용 부분은 생각할 필요가 없다. 어차피 내 돈이 아니기 때문에 받을 돈만 생각하는 게 당연하다. 나 또한 시급 생활 10년간 그래왔고, 사장이 어떻게 돈을 벌든 내 돈만 중요했다.

어떤 이는 경영자로서 책임이니 당연하게 생각하는 사람도 있고, 어떤 이는 그 정도도 생각 안 하고 사장 소리를 듣냐고 책망할 수 있지만, 시급 생활 10년, 경영 생활 10년을 해본 사람의 입장으로서 난 분명하게 말할 수 있다.

"계산법이 다르면 서로의 이해관계로 싸움만 일어날 뿐이다."

즉 받는 사람의 계산과 주는 사람의 계산이 통일되어야 하고, 반드시 그들이 지금 받든 나중에 받든, 돈이든 현물이든 서비스든 모두 알려줘야 한다. 그리고 경영자 또한 합법적인 테두리 안에서 보다 많은 소통 방법을 찾아야 한다. 그래야만 받는 사람도 다음과 같이 생각한다.

'이만큼의 비용이 더 들어가는구나!'

'나중에 이만큼을 더 받을 수 있구나!'

'내가 더 열심히 해서 이만큼의 몫 이상은 해야겠다.'

하지만 현실은 말처럼 쉽지 않다. 오히려 경영하는 사람 입장에서는 매출관리, 지출관리, 사람 관리, 세금관리 등 해야 할 일이 수없이 많기에 그중 알바 급여, 직원 급여만 매달릴 수는 없는 법이다. 하지만 지출에서 가장 큰 비용이 급여로 나간다면 이야기는 달라진다.

보다 더 쉽게 시급이 아닌 월급으로 계산해보자. 한 직원이 약 150만 원의 월급을 받는다고 가정하자. (계산을 편하게 하기 위해 월 150만 원으로 가정한다)

• 월급 150만 원 하루 평균 10시간 일할 시

❶ 주휴 수당 준비(주휴 수당을 근로계약서 월급여 항목에 명시하지 않을 경우, 주 15시간 이상 근무자에게 20% 추가 지급)

❷ 8시간을 초과한 2시간 연장수당 x 1.5배(쉬는 시간을 제외한 8시간을 초과하면 연장 1.5배)

❸ 주말 or 심야수당 일할 시 x 1.5배 (저녁10시 이후 별도 심야 수당 1.5배 연장과 중복지급)

❹ 퇴직수당은 월급여의 약 10% 적립

❺ 기타 의무 보험료 50%분

❻ 상여금 보너스 준비는 최소한의 기대치만큼(회사 사정에 의해 더 늘릴 수 있음)

❼ 중식 식사비용 의무, 숙박비용은 선택(최소 1끼의 중식비는 회사에서 준비, 타지역이면 숙박비용도 선택적 부담)

❽ 출퇴근 비용 선택준비 (회사가 대중교통이 불편한 외곽에 있을 시 지원해야 지원자가 옴)

❾ 1년이 넘으면 생기는 연차 수당 또는 연차휴가

❿ 인재 양성을 위한 회식, 교육. 기타 복지 등 제반 비용

이와 같이 10가지의 추가 비용을 합해보았을 때, 현재 월급 대비 최소 160% 이상은 준비해야 한다. 즉, 150만 원의 월급을 받는 직원을 위해 160%인 240만 원을 반드시 준비해야 여유 있게 경영할 수 있다.

상상이 가는가? 나 또한 경영 생활 중 끊임없이 어려운 것 중 하나가 바로 급여였다. 앞에서 계산한 대로 최소 150~160% 이상을 미리 준비하지 못하여 결국 끊임없이 부채가 생기고 악순환이 계속되었다. 그때마다 부족하면 막는 식의 주먹구구식 경영이 계속된 것이다.

최저임금으로 주고받는 150만 원의 정부 계산법이 아닌, 실제 사장들은 최저임금보다 더 주어야 사람이 모집이 되고, 보이지 않는 비용까지 240만 원을 준비해야 하는 것이다.

만약 2021년 시급이 1만 원으로 올라갔을 경우, 실제 사장들은 시간당 16,000원과 더불어 8시간 최소 월 급여로 300만 원을 준비해야 한다. 놀라지 않을 수 없다. 이 계산법으로 정확히 계산을 해본 사장은 몇이나 될까? 2021년 시급 1만 원 시대가 도래하면 이런 계산법에 따라서 심각한 위기가 닥칠 것은 분명하다. 어쩌면 남북한 전쟁보다 더 심각한 노동 전쟁이 일어날지도 모른다.

사장만의 일방적 위기가 아니다. 1장에서 이야기한 모든 위기가 동시다발적으로 터진다. 물가는 가파르게 오르고, 고용절벽으로 일자리가 줄어들고, 모든 기업은 외국인을 선호하거나 해외로 나갈 것이다. 무인화, 자동화를 준비한 중소기업은 그나마 연명하지만 그러지 못한 조직은 대부분 문을 닫을 것이다. 사업자의 50% 이상 폐업 쓰나미가 오고, 결국 일자리가 없어진 직원들 또한 큰 위기를 맞을 것이다.

시급을 받았을 때 입장에서는 100%를 원했는데, 실제로 주는 사람 입장이 되니 최소 150~160% 이상을 준비해야 한다는 것을 얼마나 많은 사람들이 알고 있을까. 나 또한 경영 10년이 지나서야 뼈저리게 느끼고 있을 뿐이다.

시급으로 계산되면 그나마 150%로 끝난다. 하지만, 최저임금이 아닌 높은 월급과 각종 상여금을 지급함에도 불구하고 법을 악용할 시 심각한 문제가 도출된다. 즉 세부적인 지급 항목을 계약서에 기록하지 않았다면, 총 급여를 근무 시간으로 단순히 나누어 통상임금이 처음부터 높아지는 기이한 현상이 발생된다.

즉 월 300만 원으로 최저임금보다 훨씬 많이 받고 있는 사람이 여러 지급항목들을 계약서에 명시하지 않거나, 근무 시간으로 단순히 나누거나 여러 수당들이 최저 임금에 포함이 안 되는 현상을 말한다. 결국 통상임금, 각종 수당, 최저임금, 파견 등 여러 가지 법 위반 상황이 나오게 되고 결국 근로기준법 위반이라는 폭탄을 맞게 되는 것이다.

지금 우리나라는 이와 같은 현상의 노동 문제와 소송들이 수없이 많이 나타나고 있는 것이 현실이다. 그리고 중소기업뿐 아니라 법무팀까지 준비되어 있는 중견기업, 대기업까지 전이되어 많은 기업들이 고통스러운 소송전에 에너지를 낭비하고 있다. 나라고 예외일까, 나 또한 그랬고, 요즘의 근로자들도 법을 잣대로 끊임없이 신고하는 것이 습관화되어 있다. 무서운 세상이 온 것이다. 비정상적인 사회가 도래된 것이다.

보이는 최저임금이 아닌, 보이지 않은 진짜 시급을 만들어야 하는 사람들의 비애. 그리고 그 비애를 알아주기는커녕 노사 갈등의 빌미를 제공하는 모호한 법까지. 더 이상의 화합과 대 통합은 보이지 않는다. 그리고 갈수록 경영난이 심화되어 문 닫는 중소기업 소상공인의 모습은 일상화되어 가고 있다.

요즘 면접 때 이직 사유를 물어보면, 대부분 과거 회사가 어려워져서 이직을 한다고 한다. 실제 그렇다. 이대로 가다간 지금 내가 속한 조직 또한 언제 문 닫을지 걱정스러운 상황이 온 것이다.

시급은 얼마든지 만들어갈 수 있다. 시급의 150%이든 200%이든, 최저임금이 1만 원이든 2만 원이든 얼마든지 만들 수 있다. 하지만 이 모든 것은 직원과 경영진이 하나가 될 때 비로소 가능하다. 이미 우리나라 법은 노사를 나누고 그들에게 한 표라도 더 받으려고 하는 정치 리스크로 물든 지 오래다.

결국 노사가 하나 되는 법이 아닌, 노동자의 당연한 권리를 보호하는 법으로 왜곡시킨 후부터는 모든 경영이 경색되고 하나 되기 힘든 세상이 돼버린 것이다. 무언가 근본부터 바뀌지 않고서는 살아남을 수 없는 시대가 온 것이다.

갑질 직원은 어쩌랴

오늘도 언론에는 놀라운 사장들의 이야기가 나온다. 각종 법정 수당을 지급하지 않아서 생기는 범법자 사장들, 어려운 경영 위기에 월급이 체불되어 쫓기는 사장들, 직원을 불법 파견했거나 하청 업체들에게 갑질한 사장들! 우리 사회에서는 끊임없이 범법자 사장들이 구설수에 오르내린다. 언론 속에서 보는 비정상적인 사장들은 몇 %나 될까? 아마 대한민국 사장 중 2%가 채 되지 않을 것이다.

하지만 사장이란 자리는 단 2%라도 그들이 끼친 영향력은 어마어마하다. 사장 산하에는 조직이 거대해, 어쩌면 오너 리스크라는 용어까지 나올 정도다.

오너 한 명의 잘못된 판단, 잘못된 행동으로 돌이킬 수 없는 일들이 벌어진다. 그만큼 보는 눈이 많고 연관된 사람이 많기 때문이다. 사장이란, 그 조직에서는 공인과 같은 존재다. 모든 것에 모범이 되어야 하고, 솔선수범해야 한다. 직원과 고객들은 사장의 언행 하나하나에 관심을 보이고 항상 세심하게 관찰을 하고 있다.

즉, 사장이란 자리는 늘 정직해야 하고 존경의 대상이 되어야 하는 자리다.

어떤 집단이든 몇몇 소수의 사람들로 인하여 전체의 이미지가 왜곡되고 매도되기 쉽다. 나 또한 10년 전 수없이 많은 언론에 노출이 되었다. 지자체의 창업자 띄우기 일환으로 언론에 한창 나왔기 때문이다. 하지만 몇 번 언론에 비친 나의 모습을 보고, TV를 없애기로 마음먹었다. 또한, 그 후 어떤 언론과도 인터뷰하지 않았다.

분명 좋은 점도 있지만, 상당히 많은 부분들을 왜곡해서 보도했기 때문이다. 더욱더 심각한 문제는 작가나 PD의 권한으로 시청률만을 위해 짜 맞추기식 편집이 더욱 무서웠다. 마치 더 많은 표를 위한 정치의 함정과도 같이 그들은 시청률이 높아지기라도 하면 두말할 나위 없이 기뻐했다. 나 또한 언론에 많이 노출되는 순간 포장되기 시작하면서 스스로의 함정에 빠지고 있었다.

요즘 언론에 가끔씩 나오는 갑질 사장들의 소식들. 분명 정당하지 않고 정직하지 않으며 많은 부분들을 질타받을 만한 스토리다. 하지만 이상하게도 질타받을 사장들의 스토리가 칭찬받아야 할 사장의 스토리보다 압도적으로 높은 게 문제다. 뿐만 아니라 갑질 노동자의 이야기는 언론에 결코 노출되지 않는다. 언론과 정치는 다수의 시선과 다수의 표 그리고 다수의 시청률로 운영되는 시장이다.

만약 갑질 노동자의 이야기가 세상에 알려지고 힘들어하는 사장의 스토리가 진솔하게 나온다면, 분명 세상은 깜짝 놀랄 것이다. 그리고 많은 노동자들에게 항의가 올 것이다. 선량한 노동자도 있는데 왜 이런 사람을 언론에 노출을 시키느냐고. 갑질 노동자? 갑질 사장은 들어봤는데 갑질 노동자는 누구를 말할까?

"사장님, 오늘까지만 하고 그만둘래요."

"사장님, 노동부에 신고할 거예요."

"사장님, 저 또한 고객이에요. 지역 사회에서 나중에 어떻게 보시려고요."

"사장님, 사장님이 직접 해보시지 그래요."

"사장님, 해고 처리하시고 실업수당 주세요."

강력한 노조를 만들어 많은 것들을 요구만 하는 노동자, 분위기를 조장하여 적대감을 키우는 노동자, 노동이란 권리를 악용하여 당연하게만 받아들이는 노동자! 나는 이런 노동자를 갑질 노동자로 부른다. 갑질 노동자는 노동법을 악용하는 사람들이다.

근로기준법이란 '을'이란 상대적으로 취약한 노동자를 법으로 보호하는 제도다. 하지만 갑질 노동자의 시각은 당연한 노동 권리로 알고 오히려 '을'이란 중소기업, 소상공인 사장을 감시하고 신고하는 제도로 왜곡되고 있다. 을과 을의 진흙탕 싸움이 된 것이다.

주는 사람은 이제 더 이상 갑의 입장이 아니다. 일을 하고 급여가 맞지 않거나, 조금이라도 늦게 지급되면 신고부터 한다. 근무하다가도 자신의 급여가 맞지 않는다고 노동부에 간단하게 민원부터 올린다.

하루만 제때에 주지 않으면 노동부에 신고는 너무나도 쉬워졌으며, 경영자로서도 잘 모르는 수당을 추가로 청구하여 사장을 괴롭히는 것은 일상생활이 되었다.

10년 전 사장의 입장과 지금의 사장의 입장은 개념 자체가 완전히 달라졌으며, 어느덧 한국 사회에서 사장이란 의미는 불쌍하고 이기적이며 갑질하는 경계 대상 1호가 되어버린 지 오래다.

미국 실리콘밸리의 CEO들의 존경과 예우를 우리나라에서 바라지도 않지만, 최소한의 예의와 도의적인 행동은 이제 찾아보기 힘든 사회가 된 것이다. 인간미가 넘치고 순수하고 함께 움직이는 사회가 아닌, 노동의 권리이자 당연한 법적 의무만을 강조하고, 각각의 이익이나 이념에 갈수록 갈등만 심화되고 있다.

10년의 시급 생활과 10년의 경영 생활로 양쪽의 입장을 모두 경험해보았지만 요즘 시대는 감당치 못할 노사 갈등이 증폭되고 있다.

갑을 관계를 떠나, 노동자와 사용자가 아닌, 함께하는 파트너와 동업자로서 서로를 존중하는 방법만이 살 길임을 누구나 알고 있지만 현실적으로 너무 힘든 여정이다. 준비되지 않은 시급 1만 원 시대가 오면 어떤 상황이 초래될지는 누구나 예상하고 있지만 현실 속 갑질 노동자는 더욱 큰 문제다.

최근 들어 갑질 노동자들이 부쩍 늘어났다. 10년 전에 비해 비율도 갈수록 높아지고 있다. 요즘 공무원 채용 부서를 보니 고용노동부 근로감독관을 대폭 늘리고 있다. 사건·사고의 원인 파악은 하지 않고 오로지 높은 신고율을 근로감독관이란 공무원 숫자만을 늘려 급한 불끄는 정책의 악순환이 반복되고 있다.

노동자 보호법은 갈수록 강화되고, 더 많은 표심을 얻기 위해 정치권은 계속해서 보호주의 노동정책을 만들어내고 있다. 결국 우리나라의 98%인 중소기업, 소상공인 500만 경영자들과 산하 2,000만 임직원들은 계속해서 힘들어할 뿐이다. 갑자기 무책임하게 회사를 그만두어 회사에 심각한 피해를 입히더라도 제대로 항변 한번 못해보고 근로자 임금은 법 기준 아래 모두 지급해야 하는 것이 현실이다.

조직 내 잘못은 모두 사장의 책임이요, 잘한 것은 직원들의 덕이다. 노동부에 진정을 넣으면 여기저기 불려 다녀야 하는 신세가 사장이요, 현장 경영에 신경 쓰느라 그들이 원하는 "법대로 해주자"라고 체념을 하는 것도 사장의 몫이다. 법을 놓치고 가는 실수도, 그 어떤 말도 필요 없이 모두 사장의 책임인 것이다.

더욱더 놀라운 것은 갑질 노동자의 특징은 내가 일을 해 준다고 생각하는 태도다. 정당한 시급을 받고 정당한 법률 안에서 자신의 권리대로 요구하고 받아 가면 그만이라는 자세다. 안타까운 현실이다. 서로에 대한 존경심, 감사함, 소중함은 온데간데없다.

내가 일을 해주고 내가 받을 것만 받고, 언제든 떠나고 나간다는 식이다. 중소기업, 소상공인은 한 사람 한 사람이 소중하기에 그들에 의해 끌려다니기에 바쁘다. 불쌍한 사장들과 갑질 노동자로 노동시장은 변해가고 있다.

총체적 시스템이 변화되지 않으면, 창업하기 힘든 국가, 경영하기 힘든 국가가 될 것이며, 98% 중소기업 소상공인 사업주들은 더 이상

사업 확장에 부정적이게 될 것이고, 창업을 꿈꾸는 젊은이나 소상공인들은 자취를 감추게 될 것이다. 사업장이 없는데 소득은 어떻게 늘릴 것이고, 근로자들은 어디에 가서 일할 것인가?

경영하기 어려운 환경, 직원 눈치, 정부 눈치 보고 일할 사장은 대한민국에는 아무도 없다. 이런 위축된 분위기 속에서 대한민국의 사업장은 대폭 축소되고, 그나마 유지되는 사업장에서는 가족 경영이나 무인 시스템으로 인력을 감축해나갈 것이다. 젊은이들에게 창업에 도전하라고 하면서 이런 법적인 환경과 사회 분위기 속에서 창업에 대한 도전은 빛 좋은 개살구일 뿐이다.

국가적으로 위축된 경제상황이 끊임없이 이어진다. 창업의 뜻을 포기한 사람들도 많다. 힘들게 창업하여 경영전선에 빠지는 것보다 국가에서 최저임금을 올려주거나, 각종 복지수당이라도 나오면 그때마다 일하는 시늉을 하는 젊은이들도 있다.

너도나도 안정된 2%의 직장, 근무 조건이 뛰어난 2%의 직장을 찾아다니는 청년 백수가 수없이 양산되는데도 98%의 중소기업 소상공인들은 끊임없는 인력난에 허덕이고 있다. 희망을 갖고 더 나은 사업장으로 만들려는 중소기업 소상공인들 중에는 2%의 갑질 사장보다 98%의 어렵고 불쌍한 사장들이 훨씬 더 많다는 것을 알아야 한다.

제때에 월급을 지급하고, 제때에 약속을 지키는 일이 얼마나 어려운 일이라는 것임을, 경영을 해보지 않은 사람들을 절대 알 수 없다. 피눈물을 흘려보지 않고서 절대 그들의 노고를 알지 못한다.

시급 생활 10년, 경영 생활 10년을 해본 중립적 입장에서 나는 그 누구 편도 아니다. 오로지 함께 갈 수 있는 길을 연구하고 생각할 뿐이다. 과거를 생각하면 눈물이 나와야 진정한 경영을 해본 사람이다. 하지만 현실은 순수한 가치를 위해 노력하는 사장들이 인정받기는커녕 경계의 대상, 질투의 대상, 그리고 법과 심판의 대상이 되어가고 있다.

이 책을 집필하며 나 또한 뜨거운 눈물 속에 10년간의 과거가 머릿속에 스쳐 지나간다. 받는 입장보다 주는 입장이 수백, 수천 배 어렵지만, 직원들에게 단 1%라도 이해받으려 해서는 안 된다는 것을 사장들은 냉정하게 알고 있어야 한다. 그것이 사장의 고독한 책임이자 임무이며 숙명인 것이다.

분명히 갑질 사장도 존재하고 갑질 노동자도 존재한다. 하지만 오직 한쪽의 편협된 정보와 시선을 언론과 정부에서 비추는 순간 사회는 더욱더 어두워질 것이다.

진실된 세상, 청렴하고 행복한 세상을 위해서는 다양한 관점을 보여주어야 하고, 스스로 현명하게 판단할 수 있는 국민적 사고를 만들어야 한다. 상생하는 노사, 상생하는 임직원을 제대로 비추어주어야 한다. 언론과 정부에서 반드시 해주어야 할 책임이자 의무인 것이다.

칭찬은 고래도 춤추게 한다. 소수의 어두운 사람들로 사회를 부정적으로 그리지 말고, 보다 더 밝은 세상으로 인도해줄 언론과 정치권을, 더 나아가 우리 사회를 기대해본다.

속도위반_ **현실의 속도를 챙겨라**

결혼하기 전 커플들이 간혹 속도위반을 한다. 난 미혼이어서인지 내심 부럽기도 하다. 그 당시 속도위반의 민망함도 있지만, 지나고 보면 축복받고 웃으면서 즐겁게 이야기할 수 있는 '가족'의 기반이 될 수 있다. 하지만 경영은 사랑의 속도처럼 위반할 수 없다. 즉 경영이 속도위반을 하게 되면, 좋지 못한 기업이 되는 것이다.

생각의 속도는 그 어떤 속도보다 빠르다. 생각의 속도 다음으로 따라오는 것은 현실의 속도이며, 현실의 속도 다음에 따라오는 것은 법의 속도다. 하지만 법의 속도보다도 더욱 느리고 잘 움직이지 않는 것이 있다. 그것은 바로 인류 철학과 보편적 가치의 속도다. 다른 말로 표현하자면, 인류의 철학과 보편적 가치 위에 법이 바로 설 수 있고, 법 위에 올바른 현실 세상이 펼쳐질 수 있다. 또한 현실 세상이 혁신적으로 바뀌는 데는 다름 아닌 생각의 차이가 만들어내는 것이다.

"Think different."

지금은 고인이 된 스티브 잡스가 남긴 유명한 말이다. 스마트한 사람들의 생각은 그 어떤 사람들보다도 앞서 있다. 그들의 생각과 아이디어는 훌륭한 나머지 대중인 현실의 속도를 종종 앞서간다. 즉, 현실보다 너무 앞서서 생각하고 걱정하며 가끔 대중과 맞지 않는 일들을 펼친다.

"더도 덜도 말고 10m만 더 뛰어봐."

"딱 반보만 앞서가라."

"혼자 100m보다 100명이 1m씩 나아가라."

현명한 경영자들은 이미 이러한 공식대로 사고의 틀을 지녔다. 나 또한 이러한 공식을 모를 때는, 너무 앞선 나머지 뜬구름 잡는다는 소리를 많이 들었다. 생각이, 걱정도, 불필요한 생각도 많았다. 자연스레 몰입하고 집중하는 시간이 부족했다.

경영 4년차 일기

나는 회사 경영을 때론 중견기업 수준으로 경영할 때도, 대기업 수준으로 경영할 때도, 더욱 놀라운 건, 글로벌 기업 수준으로 경영할 때도 종종 있더라. 즉, 구성원들은 나무를 보고 한 발짝 한 발짝 나아가고 싶은데 난 5년 뒤, 10년 뒤 숲을 생각하면서 계획을 세우고 추진하는 것이다. 물론, 장기적인 계획 또한 필요하다. 하지만 작은 조직, 소기업 경영을 하는 지금 상황에서는 임직원들은 나를 따라오기엔 너무나도 벅차 보이더라. 대기업도 쉽게 도입하지 못하는 혁신적 근무안인 주4일 근무제. 우리 회사가 파격적으로 도입을 해본다. 직원을 위해, 고객을 위해 위대한 가치를 분명히 줄 수 있을 것이다.

_2010년 10월 27일

　　이 일기에서 본 바와 같이 나는 늘 생각이 앞서갔다. 도입 후 결론부터 말하자면, 직원들의 급여는 배로 늘어났고 순환근무로 인해 소통과 인수인계 단절 등 도입 3개월 만에 부도 위기를 맞고 다시 원점으로 돌아왔다. 나처럼 생각만 너무 앞서 있는 사람들은 현실의 속도에 맞추지 못하여 결국 문을 닫게 된다. 나도 문을 닫기 직전까지 가서야 생각의 속도를 현실보다 조금 빠르게 맞추어 재정비했다.

　　직원은 현실의 속도로 맞춰가길 원한다. 누구나 하고 있는 주5일 근무, 공휴일 휴무, 개인과 가족과의 저녁 있는 삶을 원한다. 고객 또한, 거창한 가치가 아닌 기본이 되는 맛과 위생 그리고 건강한 급식을 원한다. 직원과 고객을 위해 엄청난 복지 서비스와 무한한 상상의 가치를 펼쳐보지만, 과거 10년을 돌이켜보면 직원과 고객들에게는 역효과만 날 뿐이었다. 이유는 단 하나, 현실의 속도를 무시했기 때문이었다.

　　그들은 기본적인 정직, 약속, 신뢰, 위생과 더불어 품질 좋은 맛을 더욱 간절히 원할 뿐이었다. 그리고 이러한 현실의 속도를 맞추고 그것이 충족된 후 다음 단계를 생각해야만 했다.

경영 4년차 일기

맥도날드, 스타벅스, 아웃백, 피자헛 등의 세계적인 프랜차이즈 업체들, 아쉽
지만 우리 고유의 한식 문화는 찾아볼 수 없다. 한식의 세계화, 세계화! 소리
높여 외쳐 보지만 한없이 작아 보이고 현실은 냉랭하기만 하다. 외국 음식 문
화로 인해 각종 비만 및 성인병을 유발하지만, 첨단 의료기술로 해결하려고만
한다. 건강과 행복의 근본인 음식문화, 그 중 천일염을 활용한 우리 고유 발
효식품의 한식 문화는 수천 년간 그 위대함을 인정받았다. 이제, 소극적인 한
식의 세계화는 없앤다. 세계적으로 위대한 중소기업 소상공인 임직원을 위한
급식 문화를 선보일 때이다. 그 대표 브랜드인 '하루의 아침'. 세계적인 농·식
품 회사로 세계적인 첨단기술과학기술과 세계적인 한식문화가 만나 세계적
인 98% 중소기업 임직원의 급식 문화를 창조하다.

                                            -2010년 1월 3일

　이때 경영 일기를 보면 법의 속도를 무시한 채 초창기 사업을 시작
한 것으로 보인다. 중소기업 고객에게 보다 더 놀라운 가치를 제공하
기 위해 새로운 급식 서비스를 창출했다. 그것은 바로 '20인 이상 임
직원이 있는 중소기업을 위한 이동형 급식'.
　하지만 이동 급식은 창업 후 수년간 법이 제정되지 않아 혼란스러
운 일들이 발생했고, 담당 공무원들은 각기 다른 법의 기준을 가지고
끊임없이 우리를 괴롭혔다. 결국 9년이 지난 2016년 이동 급식에 대
한 법의 가이드라인이 제정되었다.
　현실의 속도보다 법의 속도를 맞추지 못해서 자칫 범법자로 몰릴

뻔했다. 이렇듯 현실의 속도에 맞춰서 따라갔는데 법의 기준을 따르지 못하면 이 또한 속도위반이 된다. 범법자가 되어 사회에서 죄인이 되는 것이다.

법의 속도는 현실의 사건들에 부딪치고 수많은 시행착오 끝에 제정되기 마련이다. 즉, 법의 속도는 현실을 따라갈 수 없다. 법 없이도 살아가는 사람. 가끔 이런 사람을 주위에서 보노라면 그들은 인류의 철학과 보편적 가치를 몸소 실천하고 있는 사람들이다. 이런 사람들은 스스로의 원칙과 철학을 정해 실천하며, 법 없이도 충분히 살아갈 수 있다고 주변에서 인정을 받는다.

우리들은 어느 순간부터 법으로 분쟁하고 법대로 하는 것을 좋아하기 시작한다. 현실은 열악하고 힘든데 법의 속도를 맞추지 못하여 결국 문을 닫는 사업체가 부지기수다.

잘되는 사업체는 전체의 10%도 채 되지 않는다. 이들의 공통점은 대부분 속도 조절을 잘한다는 특징이 있다. 너무 앞서지도 뒤처지지도 않고 딱 반보만 앞서는 속도를 유지한다. 현실보다 반보 빠르게, 남들보다 반보 빠르게 움직인다. 나와 같이 너무 앞선 사람은 속도 조절에 늘 유념해야 할 것이다.

문득, 모 대학 강의에서 담당 교수님이 경영의 목표란 이윤 추구라고 자신 있게 교육하는 모습을 보았다. 경영의 목표가 이윤 추구라는 말을 듣고 순간 그 강의를 듣는 제자들은 기업을 적대시하지 않을까 하는 생각에 걱정스러웠다.

인류 철학과 보편적 가치를 추구하지 않는 경영자는 이익에만 눈이 멀고 주변 사람의 경계와 시기, 질투의 대상이 된다. 하지만 철학과 가치를 추구하는 경영자는 존경을 받고, 그의 주변엔 늘 많은 직원과 고객들이 함께할 것임이 분명하기 때문이다.

희망의 잣대_ **마음속 영원한 직원**

끊임없이 우리 조직의 임직원들이 들어왔다가 나간다. 근속연수는 1년은커녕 3개월, 6개월도 길다 싶을 만큼 사람이 바뀌어갔다. 무언가가 부족해서일 거야, 무언가가 안 맞아서일 거야, 한없이 자책하고 바꾸어 나갔지만, 미로 게임처럼 쉽게 찾아지지 않았다.

갑작스레 회사를 그만두고 나가면 부족한 일손을 채우느라 내가 열 몫을 해야 했다. 배송을 하다가 영업을 하고, 영업을 하다가 조리를 하고, 조리를 하다가 세척을 해야 했다. 몸이 열 개여도 부족하기만 했다. 엎친 데 덮친 격으로 최악의 상황이 겹겹이 덮쳐 왔다.

사람이 없어 배송을 돕다가 사고가 나기도 하고, 사고로 병원에 입원 중 급하게 환자복을 벗어 던지고 몰래 일을 하다 이중 사고가 난 적도 있었다. 심지어 옆 공장에서 불이 옮겨 붙어서 우리 업장의 모든 기물이 전소된 적도 있었다.

하늘도 무심하시지, 끊임없이 나에게 시련을 주시나, 피눈물 나게 서러운 적도 한두 번이 아니었다. '내가 부족해서 그런가 보다', '하늘이 무언가 교훈을 주기 위해서 그럴 거야', '뭔가 변화하지 않으면 안 된다는 신호겠지'라고 끊임없이 다짐하고, 외치고, 긍정적으로 생각했다.

하루하루가 한 시간처럼 지나가고, 1년, 2년이 한두 달처럼 지나갔다. 두세 달이면 처리되겠지 했던 일들이 2~3년씩 걸리고, 개선이 안 되고 앞이 보이지 않을 것만 같았던 것도 몇 년이라는 시간이 흐르거나 해결되고 있었다.

하지만 이 모든 것은 나 혼자만 잘한다고 되는 일이 아니었다. 이 열악한 환경, 최악의 분위기 속에서도 끝까지 남아준 사람이 여럿 있었다. 모두 다 떠날 때, 끝까지 남아준 사람이 소중하고 감사했다. 아무리 열악하고 힘들어도 그 어떤 조건과 대우를 막론하고, 끝까지 회사의 앞날을 위해 있어준 그 사람들이 한없이 고마웠다.

경영이 힘들 때면, 때론 급여를 받지 않았고, 사람이 떠나갈 때면, 두 몫 세 몫을 해주기도 하였다. 한없이 부딪히고 싸우기도 하면서, 또다시 간절한 마음으로 시작하게 만드는 그런 이가 곁에 있었다. 그 누가 욕을 해도 날 믿어주었으며, 그 누가 힘들게 해도 묵묵히 옆에 있어주었다. 그들은 다름 아닌 '가족!' 소상공인 중소기업에서 초기 열악한 생활을 이겨낼 수 있는 유일한 돌파구, 절대적으로 없어서는 안 될 소중한 사람은 다름 아닌 가족이다.

초기 5년의 경영 생활 동안 아들 사장, 어머니 주방장, 아버지 시설장, 동생 알바생이었다. 가족들은 본업이 있으면서도 힘들 때면 함께해주었다. 때론, 기대만큼 도와주지 않아 서운하기도 했지만, 사실 그만큼의 도움도 감사할 따름이었다.

경영 6년차 이후부터는 조직을 더욱 키우기 위해 가족 경영을 하지 않기 위해 함께하지 않았지만, 가끔씩 가족 경영이 그리울 때도 있다. 나는 경영 6년차 이후부터 피를 나눈 실제 가족보다 회사의 모든 임직원을 가족 이상의 대가족처럼 대하려고 마음먹었다. 가끔 사장을 못 믿고 회사를 못 믿는 직원도 있었지만, 나만큼은 그들을 영원히 믿고 의심하지 않기로 했다. 내가 먼저 믿고, 내가 먼저 사랑해야만 그들도 회사를 믿고 일을 사랑하여 고객들에게 그 마음을 전달할 것임을 알기 때문이다.

내 마음속 영원한 직원은 피를 나눈 가족뿐 아니라, 지금 이 순간 내 옆에 있는 모든 임직원이다. 그들을 진심으로 존경하고 사랑한다. 난 이들에게 이렇게 말한다.

"3년, 30년의 일터가 아닌, 3대가 행복한 대가족으로 꿈의 일터를 함께 만들어봅시다."

"사회의 가족으로서 우리나라에서 아니, 세계적으로 유명한 기업 문화를 만들어봅시다."

"모두가 안 된다고 말할 때, 우리만큼은 된다고 생각하고 말해봅시다. 그리고 반드시 도전해보는 겁니다."

오늘도 새로 들어온 신입사원은 며칠 되지 않아 당당히 시급 올려

달라는 이야기를 한다. 그리고 난 다시 시급을 함께 올리는 법을 친절하게 알려주곤 한다. 다음 장에서 자세히 설명하겠지만, '언제 올라 가는 게 아니라, 언제든 올릴 수 있다'라고 생각을 바꾸면 정답은 쉽게 보일 뿐이다. 그리고 쉽고 빠른 방법, 20년의 노하우를 4장에서 구체적으로 설명한다.

인정과 신뢰를 쌓는 유일한 방법

인건비 관리는 10년간 수없이 많은 방법을 동원해서 시도해보았다. 명세서를 줘 보기도, 함께 눈을 보고 계산을 해보기도, 노무사 혹은 고용부에 의뢰를 해보기도, 여러 프로그램을 써보기도, 시도한 방법만 수십 가지이다. 하지만 가장 큰 문제는 사장이 이러한 급여 계산을 간과하고 소홀히 하는 순간 직원과의 신뢰가 떨어지는 것을 발견한다. 결국 일하는 사람은 인정받지 못한다고 생각하여 실망해서 나가고, 새로 일하러 오는 사람 또한 더욱 구하기 힘든 악순환이 반복되었다.

어쩌면 10년간의 시급 생활, 10년간의 경영 생활 동안 악순환의 반복은 바로 이러한 이유 때문일 수 있다. 수많은 이유가 있겠지만, 가장 큰 이유는 '사람'과 '시스템'이 문제였던 것이다. 문제의 사람은 다름 아닌 사장인 것이고 문제의 시스템은 다름 아닌 중소기업 소상공인이 쉽게 해결할 수 없는 열악한 시스템이었다.

서로의 입장만 이야기할 뿐, 보이지 않는 벽이 있고 해결되지 않는 문제가 있을 뿐이다. 사장은 직원의 급여 말고도, 영업관리, 매출관리, 지출관리, 세금관리, 현장관리 등 수없이 많은 사건·사고를 처리하고 있을 무렵, 직원들은 본인에게 가장 중요한 급여 부분이 소홀함을 느끼고 실망하는 구조다. 행여 급여가 적게 들어가면, '사장이 나한테 급여를 안 주려고 이러나?', '본인의 이익만 생각하나?', '날 못마땅하게 생각하나?' 이런 식으로 판단하기 마련이다. 중소기업 소상공인이 반복적인 악순환을 겪는 이유 중 가장 큰 이유는 바로 '시급'이었다.

사장은 "날 믿고 열심히 해보자"라고 말하지만 직원은 "처음엔 열심히 해보겠지만 갈수록 회사와 사장을 못 믿겠어!"라는 생각하는 식이다. 대한민국 사회의 통념상 최선을 다해 일했지만, 비교의 함정, 통계의 함정, 정치의 함정 등 여러 가지 함정에 빠진다. 결국 서로를 의심하고 헤어지게 되어 노사 간의 반복적인 악순환이 나타났다.

직원에 대한 인정과 신뢰는 마음만으로 사랑만으로 해결될 문제는 아니었다. 때론 회식도, 때론 간식도, 때론 보너스도 주지만 그 효과는 1주가 채 넘어가지 않는다. '인정과 신뢰'. 직원들이 인정받고 있다고 느끼거나 회사를 믿고 의지하기 위해서는 거창한 복지와 깨끗한 시설이 아니었다. 복지와 시설은 가장 기본적인 것만 충족하면 그만이었다. 그들이 진정 원하는 것은 제때에 정확히 잘 나오는 급여, 주 5일 근무제, 하루 8시간의 근무. 공휴일에 즐겁게 쉬고 가족과 함께 보내고 싶은 것뿐이었다.

문제는 회사가 힘들다는 이유, 사장도 이렇게 고생한다는 이유로, 추가적인 근무나 일을 당연하게 여길 때, 계산하기 복잡하다는 이유로 아무런 설명이 없이 연봉에 포함시키는 포괄임금으로 계산될 때, 보이지 않는 성과를 제대로 평가하지 못하여 거창한 성과급은 아니더라도 소소한 칭찬의 과정조차도 없을 때, 직원의 입장에서는 인정받지 못한다는 생각과 함께 회사와 사장에 대한 신뢰를 잃어버리고 마는 것이다.

가장 중요한 것은 '본인의 급여에 대해서 구체적이고 투명하며 정확히 계산되어 제때에 지급해주는 것', 이것이 조직으로부터 직원이 생각하는 가장 큰 인정과 신뢰인 것이다. 나는 이것을 깨닫기까지 10년이란 세월이 걸렸다. 단순히 사장의 기준으로 직원을 생각하는 순간, 직원들은 힘들어하고 고통스러워하며, 쉽게 회사를 떠난다. 행여라도 "나도 직원 생활을 해봤지만 10년 전, 20년 전에는 더 했어. 이 정도면 행복한 거야"라는 비교의 함정의 언행은 직원들이 더 빨리 그만두고 싶어하는 지름길이다. 다시 말하지만, 직원과 사장 간의 인정과 신뢰를 위한 유일한 방법은, 첫째, 보다 정확하게 계산하고, 둘째, 보다 투명하게 계산하여, 셋째, 보다 공정하게 제때에 지급받는 것부터 시작해야 한다.

그리고 이 기초 위에 시급이 1만 원이든 2만 원이든 본인의 능력과 팀의 능력을 마음껏 발휘하여 함께 만들어가는 것이다. 분명한 것은 급여란 회사의 사장이 주는 것이 아니다. 이젠 세상이 바뀌었다. 당연한 노동의 권리로 생각하는 시대다.

정보화, 공유화로 4차 산업혁명 시대에서는 제대로 된 급여 시스템을 도입하지 않으면 절대 살아남을 수 없다. 잘 갖추어진 급여 시스템이 없다면, 신뢰를 잃고 바쁘다는 핑계로 불법을 저지르는 범법자 사장이 될 것이다. 분명 말하지만, 나도 10년간 끊임없는 시행착오로 직원들에게 신뢰 없는 사장으로 오해를 받아왔고, 수없이 많은 직원들이 우리 회사를 떠났다. 그리고 10년이 지난 지금에서야 비로소 해결 방법과 시스템을 만들었다.

반복하건대 직원들의 인정과 신뢰를 위해 사람과 시스템을 바꿔야 한다. 사람은 그 조직의 장이며, 시스템은 그 조직이 운영되고 있는 프로그램이다. 사장이 열린 생각으로 변화할 생각이 없다면, 당장 이 책을 덮거나 사장 직책을 내려놓아야 할 것이다.

왜냐하면 아무리 말단 직원들이 이 책을 읽더라도 최종 결정권자인 그 조직의 장이 변화하지 않으면 그 조직은 절대 바뀌지 않기 때문이다. 시스템 또한 지금까지의 방법을 내려놓고 성공적인 시스템 전문 회사에 조언을 구하거나 위탁할 생각이 없다면, 당장 이 책을 덮어도 좋다. 나 또한 수없이 많은 시스템을 고안해보았지만 쉽지 않았다. 모든 것을 전문적이고 성공적인 조직에 맡기는 순간 순식간에 해결됨은 당연한 이치다. 먹는 물 관리, 소독 방역 관리, 보안 치안 관리, 세금 관리를 작은 조직에서 스스로 다 해결할 수 있는가? 물론 일부 큰 조직들은 충분히 자체 해결할 수 있지만, 우리 같은 100인 이하의 작은 중소기업 조직일수록 전문 회사에 맡겨야 경영에 집중할 수 있는 것이다.

우리나라는 아직도 후진국형 정치 리스크로 몸살을 앓고 있다. 노사 간의 중재 역할은커녕 달콤한 정책들로 서로 갈등만을 불러일으키고 있다. 최저임금만 올리는 달콤한 물고기 주는 식의 정책에 의지하지도 휘둘리지도 말고, 스스로 자생할 수 있는 물고기 잡는 방법을 반드시 익혀야 한다.

최저임금을 놓고 세 집단에서는 서로 다른 생각들을 한다.

"정부가 계속해서 최저임금을 올리면 지급할 능력이 없어지고
경영하기 너무 힘듭니다." _○○회사 사장

"정부가 아무리 최저임금을 올려도 받는 사람 입장에선
한없이 부족하기만 합니다." _○○회사 직원

"국민의 생활 안정과 경제의 건전한 발전을 위해 내년에 또 한 번
적극적으로 인상시켜볼 생각입니다." _○○정부 담당자

최저임금이란, 얼마로 정해서 주는 것이 아니다.
최저임금을 기본으로 그 이상도 함께 만들어가자는 것이다.
그런데 지금까지 최저임금 올리는 방법을 알려준 사람이 있는가?
이제는 단순한 물고기가 아닌, 물고기 잡는 법을 알려줘야 한다.

PART 4

물고기 잡는 법!

긍정의 말로 통일해봐

중소 중견기업 또는 대기업 CEO까지 직원관리는 경영의 핵심이다. 잭 웰치, 이건희, 마쓰시타 고노스케, 이나모리 가즈오, 스티브 잡스 등 많은 훌륭한 CEO들은 본인 업무의 70% 시간을 사람 관리에 투자한다. 그렇다면 이들이 말한 직원 관리는 무엇이고, 우리가 흔히 알고 있는 사람 관리는 무엇일까?

유능한 경영자들은 접근 방식부터 다르다. 그들은 절대 직원을 다루거나, 부리거나, 쓰거나, 고용하지 않는다. 그들은 직원을 '인재'라고 표현한다. 그리고 늘 그들은 '인재'로 대하고 행동한다. 즉, '인재'를 발굴하고 채용하여 양성하거나 교육하는 등 직원을 '인재'라는 표현한다. 이처럼 단어나 문맥 하나만 다르게 표현하더라도 전혀 다른 철학과 문화로 보인다는 것을 대부분의 사람들은 인지하지 못한다.

한번은 우리 회사 임직원 중 한 분이 이렇게 말했다.

"사장님은 왜 그렇게 이쁘게 말하세요?"

난 직원 관리가 아니라 인재 양성이라고 표현하고, 또 실제로 직원을 부하 직원이라고 표현하거나 생각한 적도 없다. 그들은 나와 함께 성공을 나누어야 할 파트너이며, 사회적 대가족이다.

대부분 사회 경험 또한 풍부한 인재들이며, 나보다 훌륭한 부분이 최소 1가지 이상을 갖고 있는 사람들이다. 나는 그 훌륭한 부분을 더욱 발전할 수 있게 코치하고, 그들의 꿈을 달성하기 위해 존재할 뿐이다. 그들이 훌륭한 부분에서 꽃을 피우기 위해 우린 서로 돕고 협력해야만 한다. 그들은 우리 회사의 소중한 임직원이자, 누구와도 바꿀 수 없는 인재들이다. 이 인재들을 더욱 훌륭하게 양성하는 것이 경영자의 책임이자 의무이다.

그들을 부하직원으로 생각하지 않고 성공의 동반자이자 귀인으로 생각하고 표현하는 순간, CEO의 눈빛은 스스로 변하고, 임직원들 또한 귀신같이 알아차린다. CEO의 눈빛이 변하면, 그들을 대하는 태도가 바뀌며, 임직원들은 자연스레 하나가 된다.

용어 하나, 말 한마디의 중요성을 알겠는가? 그렇다면 그러한 표현과 생각을 공유하는 작업을 본격적으로 시작해보자.

현재 사용하는 표현들

노·사 관계 / 노동자·사용자 / 근로자·경영자 / 직원을 쓴다·직원을 부린다 / 시킨다·자른다 / 해준다·써먹는다 / 인건비·노무비 / 알바·사장님 / 파트

타임·직원 / 비정규직·정규직 / 피고용인·고용주 / 금수저·흙수저

많은 용어들이 우리 주변에서 부지불식중에 쓰이고 있다. 어떤 단어는 사람을 물건이나, 소모품으로 생각하게 만들고, 심각한 오해를 사는 단어도 있다. 어떤 단어는 들으면 들을수록 3D업종에서 일하는 사람이라고 취급받을 수 있다. 말은 사람의 내면을 표현하는 수단일 수도, 내면을 형성하는 방법일 수도 있다.

언어의 힘, 글의 힘은 수백, 수천 번을 강조해도 지나치지 않다. 하지만 우리나라 직장 문화에는 혼란스런 용어들이 많다. 그래서 난 경영을 하며 특단의 방법을 선택했다. 이 모든 용어들을 우리만의 긍정용어로 통일해보자는 것이다. 만약 잘 실천되지 않을 시 "서로서로 코치해주자"라고 선포했다.

우리만의 긍정의 표현들

기존의 표현		우리만의 표현
갑 을 관계	⋯⋯▸	회사 / 행복자의 가족관계
노 / 사 관계	⋯⋯▸	행복자 / 회사의 임직원 가족
근로계약서	⋯⋯▸	행복계약서
노동자 / 사용자	⋯⋯▸	임직원으로 통일 / 호칭은 주인, 팀장, 사장 3직급 호칭
근로자 / 경영자	⋯⋯▸	임직원으로 통일 / 호칭은 주인, 팀장, 사장 3직급 호칭
사람을 쓴다 / 사람을 부린다	⋯⋯▸	인재를 발굴한다 / 인재로 양성한다
시킨다 / 자른다	⋯⋯▸	부탁한다 / 함께한다 / 서로의 길을 응원한다
해 준다 / 써먹는다	⋯⋯▸	일을 배운다 / 함께한다

뽑았다 / 탈락했다	…	스카우트했다 / 다음 채용 때 함께하자
인건비 / 노무비	…	인재비
알바 / 사장님	…	임직원으로 통일 / 호칭은 주인, 팀장, 사장 3직급 호칭
파트타임 / 직원	…	임직원으로 통합, 동일 대우 유형별 반일반, 종일반, 사업반으로 구분
비정규직 / 정규직	…	임직원으로 통합, 동일 대우 유형별 반일반, 종일반, 사업반으로 구분
피고용인 / 고용주	…	임직원 파트너로 통일 / 호칭은 주인, 팀장, 사장 3직급 호칭
금수저 / 흙수저	…	우리 함께 파트너이고 함께 다이아몬드수저가 되자
시급 월급 연봉 받기	…	급여를 함께 만들어 가기
최저임금 받기	…	시급 공식 알고 함께 올리기 / 시급 경영 알기

일을 시키는 것이 아니라, 일을 부탁하는 것이 정답이다. 월급을 정해진 금액을 당연히 받는 게 아니라, 월급을 조직과 함께 만들어가는 게 더 좋은 표현이다. 노동자와 사용자가 아니다. 성공을 나눠야 할 파트너이고 일터에서 만난 사회적 대가족이다. 정규직, 비정규직이 아니라 모두 같은 임직원들이다. 뽑고 쓰고 자르는 게 아니라 채용하고 양성하고 더 좋은 일터를 만들어가는 것이다.

고용노동부보다 '행복일터부', '상생일자리부'라고 용어를 바꾼다면 국민들이 생각하는 방식부터 바뀔 것이다. 우리는 모든 용어를 바꿨다. 사업 초기 나에게는 미친 사람, 뜬구름 잡는 소리, 망상가, 사이비 종교 교주, 다단계 총재 등 많은 애칭(?)이 따라다녔다.

하지만 나는 주변 인식에 아랑곳하지 않고 서로를 코치해주며 통일된 용어로 표현하려고 노력했다. 처음에는 익숙하지 않아서 많이 어색했지만, 점점 화합과 긍정의 에너지가 발생되어 임직원들이 쉽게 따라 하기 시작했다. 임직원들이 의식하지 않아도 그런 표현들을 쓸 수 있도록 늘 신경을 썼다. 10년이 지나니 이제 그러한 운동이 회사의 문화로 자리 잡혀가기 시작했다. 그리고 자연스레 긍정의 에너지가 나오기 시작했다. 과거의 많은 용어는 부정적, 서열화, 비교 대상이었지만 이제는 긍정적인 용어로 바뀐 것이다.

모든 직급을 하나로 통일도 해봤지만, 결국 리더가 없으면 중심을 잃게 됨을 깨닫고 최소한의 3직급만 남겨두었다.

회사의 '주인(主人)'이 되자는 의미에서 첫 입사하면 '주인(主人)'의 직급이 붙는다. 처음에는 주임이었지만, 요즘엔 주인(主人)으로 호칭을 바꾸었다. 그래서 우리는 주인, 팀장, 사장으로 모든 조직을 단순화하여 경영해나갔다.

우리 회사는 노동자가 없다. 우리 회사는 근로자들 또한 없다. 우리 회사는 직원을 쓰지도 부리지도 않는다. 우리 회사는 인재들로 가득하며, 그 인재들이 1인 주인이자 팀장이자 사장이다. 사장 또한 스스로의 용어를 통일하고 바꿔야 한다.

난 장사꾼이다. 또는 난 가게 한다. ···▶ 난 사업한다. 또는 난 경영한다. 똑같은 창업을 하더라도 창업주 마인드가 어떠한지는 그가 쓰는 용어로 쉽게 파악할 수 있다. 사람은 말로 표현할 때부터 꿈과 목표가 설정된다고 한다. 또한 말로 표현한 것을 최소 10년간 기록하고 실천하면 꿈을 반드시 이룬다고 한다.

하지만 안타깝게도 많은 창업주들은 내 가게, 내 장사, 돈 벌려고, 먹고 살려고 등 그저그런 표현들을 한다. 신기하게도 이런 표현을 자주 한 창업주들은 직원들도 잘 따르지 않을뿐더러, 10년 이상 사업을 유지하는 것을 보지 못했다. 간혹 유지되더라도 아직도 가게, 장사, 돈에 급급하여 그저그런 일을 하고 있었다.

난 2007년 5평의 작은 매장에서 혼자 창업을 했을 때부터 이것을 '경영'이라고 표현했다. 주변 지인 및 친구들이 물어봐도 작은 가게를 한다고 하지 않았고 "경영을 배우고 있다"고 했다. 심지어 직원들끼리 표현 중 "우리 가게"와 "우리 장사"라는 단어가 들어가면 그때마다 "우리의 사업", "우리의 경영"이란 말로 조목조목 코치해주며 바꾸어주었다.

당시 5평 매장을 두고 이렇게 표현하는 것은 주변 지인들과 직원들의 비웃음거리였다. 나를 이상하게 보는 것은 당연했다. 하지만 현실은 힘들어도 꿈과 비전을 표현하는 것만큼은 절대 양보하지 않았다.

"내 장사해. 가게 운영해. 난 장사꾼이야. 먹고 살기 위해서"라는 표현보다 "난 경영자야. 작은 매장을 경영해. 난 사업가야. 더 많은 가치를 위해 일해"라는 말로 바꿔 표현한 것이다. 그러면 목표와 비전뿐 아니라 함께 일하는 임직원들 태도 또한 180도 바뀐다. 설사 몇 년이라는 긴 기간이 걸리더라도 표현의 방식, 표현하는 용어만큼은 절대 포기하지 말아야 한다. 그 표현하는 단어가 곧 꿈이 되고 현실이 되기 때문이다.

경영자 그릇은 다양하며 수없이 많은 경영 방법으로 본인들의 그

룻 크기에 맞는 가치를 담는다. 처음부터 큰 기업과 좋은 회사는 절대 없다. 좋은 회사도 초기에는 어렵고 적자 생활의 연속이며, 대기업도 초기에는 몇 명에서 시작하여 갈고 닦았을 것이다. 작은 조직의 1인 CEO가 긍정의 언어로 표현하고 행동하는 습관을 잘 만들어간다면, 그 조직의 꿈이 세상에 전달되어 주변의 좋은 임직원들이 하나둘 모이기 시작할 것이다. 그러한 조직은 오래오래 빛을 낼 뿐만 아니라 더 나은 조직, 더 큰 조직으로 변화해갈 것이 분명하다.

세상의 크고 작은 모든 경영들이 아름다운 용어, 긍정의 용어로 바뀌고 표현되어야만 한다. 그래야 좋은 기운이 모이고, 그 좋은 기운으로 구성원들의 지혜와 슬기가 만들어지기 때문이다. 지금 바로 내 조직에서 "시급, 월급, 연봉을 올려주세요"가 아닌 함께 만족할 만한 급여를 만들어가는 방법의 첫 단계로 긍정의 말로 사용해보자.

질문하고 기록하고 보여줘

직원들: 사장님은 왜 이 사업을 시작하셨어요?

선생님: 상민아, 넌 왜 이 세상에 태어났다고 생각하니?

나의 질문 : 왜 그렇게 생각해? 왜 그렇게 행동해?

나는 종종 '왜?'란 질문을 받고, 질문을 던지기도 한다.

'왜'란 질문이 '왜' 중요할까? 20년의 조직생활을 해보니 작은 조직부터 큰 조직에 이르기까지 사람은 크게 3가지 부류의 성향으로 나뉜다.

첫 번째 부류는 지구와 같이 스스로 긍정의 빛을 내고 무한한 열정을 만들어 알아서 움직이는 사람들로 전체의 10%다.

두 번째 부류는 죽은 별과 같이 빛이 나지 않고 열정이 생기지 않아 자기 혼자만의 부정적 영역에 갇힌 사람들로 전체의 10%다.

세 번째 부류의 사람은 지구와 죽은 별 사이의 어정쩡한 사람들 80%다.

이들은 만유인력법칙처럼 지구 근처에 있으면 지구 쪽으로 오려 하고, 죽은 별 옆에 있으면 그쪽으로 가려 한다. 그러니 대부분의 80% 사람들을 지구 쪽으로 유도하고 긍정과, 열정, 그리고 좋은 기운들을 받아 변화할 수 있도록 해야 한다.

나는 이것을 경영에 똑같이 대입해보았다.

지구같이 긍정의 빛을 내고 스스로 열정을 만들어내는 10%의 사람을 리더로 선발하였다. 경영 초기에 리더의 역할은 대부분 내가 했지만, 시간이 흘러 리더가 하나둘 늘어났다.

또한 죽은 별처럼 아무리 노력해도 우리 조직과 맞지 않는 10% 사람들은 다른 회사로 인도했으며, 80% 임직원들은 리더에게 보고 듣고 배우게 하여 긍정과 열정의 에너지를 받아 변화하게 했다.

나는 이 3가지 부류의 인재들이 변화하는 과정을 '인재 양성'이라 불렀다.

그리고 인재양성의 핵심이 바로 '왜'란 질문으로 시작한 것이다.

"왜 이것을 해야 할까?", "왜 그렇게 생각해?", "그렇게 행동하는 이유가 뭐니?", "이 방법보다 더 좋은 방법은 없을까요?", "왜 이 일을 하는가?", "왜 이 역할을 하고 있는가?", "이렇게 하는 게 왜 좋을까?", "어떻게 하면 시급 만 원을 만들 수 있을까?"

이런 질문들로 바꾸어보니, 사람들은 자신만의 생각을 반영하고 움직이기 시작했다. 신기하게도 자신의 생각이 반영되고, 자신의 의사가 투영되는 순간 불만이 줄어들었다. 그것도 수동적이었던 직원들이 하나둘 스스로 움직이고 능동적으로 변화되기 시작한 것이다.

'왜'란 질문은 '스스로 움직이게 만드는 힘'이 있었다. '왜'란 질문에 대한 올바른 답을 찾기 위해 상대방은 끊임없이 사고하고 행동하려 했다.

질문하는 방식 차이가 생각의 차이를 만들고 행동의 차이를 만든다. 그래서 질문하는 법을 반드시 알아야 한다. '왜'라는 한 글자만 붙이면 매우 쉽다. 단답형보다 '왜'라고 질문하는 법을 반드시 알아야 한다.

'왜 이 일을 하려 하는가?'

'왜 이 세상에 태어났는가?'

이 두 가지 질문에 대해 명확히 답할 수 있다면, 인생은 분명 능동적으로 바뀔 것이다.

21살 무렵 시급 생활을 하며 서울에서 혼자 생활을 하다보니 식사를 제때 못 챙겨 먹었다. 더군다나 내가 속한 중소기업 조직은 생각보다 열악했다.

식당은 있었지만 운영이 제대로 안 되었고, 그래서 사먹거나 시켜먹곤 했다. 간혹 조리사를 채용해보고, 가까운 식당 업체에 정기 공급을 맡겨보았으나 몇 개월 되지 않아 유지되지 않는, 반복적인 악순환이었다. 내가 속한 작은 조직뿐 아니라, 주변의 대부분의 중소기업 소상공인 조직이 우리와 같은 상황이었다.

대기업 급식과 같이 제대로 된 관리를 받으려면 임직원 수가 100명이 넘어야 가능했고, 행여나 주변 가까운 맛집 식당을 발견하면, 식사 시간에 만원이어서 들어갈 엄두가 나지 않았다. 나는 허약 체질이라 장염에 쉽게 걸리기 일쑤였다. 배를 움켜쥐며 혼자 병원에 간신히 도착하여 쓰러지기도 하고, 출퇴근 버스 안에서 아무도 모르게 속을 달래야 할 때도 있었다.

빵과 우유, 김밥, 햄버거, 커피, 토스트는 간단한 요기와 간식은 되었지만 나의 몸과 체질에는 전혀 맞지 않았다. 맛있고 영양 있는 식단과 규칙적인 한식 위주의 식사가 얼마나 중요한지 알고 있었지만 정작 자체적으로 실천하는 조직은 몇 안 되었다. 5성급 호텔식 식사가 아니라도 정갈하고 맛있는 집밥이 그리웠다.

나와 같이 스스로 건강을 챙기지 못하는 열악한 중소기업 임직원을 위해 새로운 문화를 만들자. 중소기업 소상공인들의 급식을 위해 보다 질 높은 급식 문화를 제공하여 즐겁고 행복한 일터를 함께 만들어보자. 뿐만 아니라, 맛의 고장 전주의 음식 문화를 급식을 통해 대중적으로 즐겨 먹을 수 있게 만들어보자. 나아가 전국적, 세계적인 농식품 문화도 도전해보자!

이러한 사업 아이템을 적립하기 시작했고, 향후 나와 함께하는 임직원은 성공의 동반자로 생각해야겠다고 결심했다.

설사, 그 결과가 몇 년 혹은 몇 십 년이 걸리더라도 과정만큼은 행복하도록 나를 포함한 모든 임직원들이 즐겁고 행복한 꿈의 일터를 만들어가는 것을 목표로 삼았다.

경영을 하는 사람이라면 '왜 일을 하는가?'에 대한 답이 단순히 돈을 벌고, 부자가 되기 위함이거나, 먹고살기 위함이라면 애초에 방향을 잘못 잡은 것이다. 돈과 이윤은 인생의 하나의 방법은 되어도 본질은 될 수 없다. 결국 '왜'에 대한 깊은 사고와 철학 그리고 가치가 명확하게 적립되어야만 어떤 비바람에도 굳건히 살아남는 경영을 할 수 있다.

어쩌면 2007년 나와 같이 창업한 100명의 청년 사업가 98%가 10년 이상 버티지 못했던 이유는 다름 아닌, '왜'에 대한 답이 명확하지 않았기 때문이다.

우리 회사의 입구에는 아래와 같은 경영 이념 문구가 있다.

"나는 오늘 왜 이 일을 하는가?"

단순히 먹고 살기 위해서, 돈을 벌기 위해서라면 집으로 돌아가도 좋다. 우리는 오늘도 즐겁고 행복한 꿈의 일터를 함께 만들기 위해서, 동시에 중소기업 임직원에게 놀라운 급식 가치를 실현해주기 위해서 출근해야 한다.

이제 당신은 왜 일을 하는지 명확히 답할 수 있는가? '왜'라는 질문을 통해 경영이념을 명확히 했다면, 실천하기 위해서는 이제 기록과 시각화를 거쳐야 한다.

1979년 하버드 경영대학원 졸업생들에게 "명확한 장래 목표를 설정하고 기록했는가?"라고 질문했을 때 3%는 목표와 계획을 세워 종이에 기록했고, 13%는 목표는 있었지만 그것을 종이에 기록하지는 않았고, 84%는 구체적인 목표가 전혀 없었다고 한다.

10년 후인 1989년에 그들에게 다시 질문했을 때, 목표는 있었지만 기록하지 않았던 13%는 목표가 없었던 84%의 학생들보다 평균 2배의 수입을 올렸고, 명확한 목표와 계획을 기록했던 3%는 나머지 97%보다 평균적으로 10배의 수입을 올리고 있었다는 보고서를 본 적이 있다.

이처럼 질문에 답을 기록하고 시각화하는 일은 명확한 목표 성취를 위한 방법이다. 이때 기록과 시각화하는 방법은 다시 3가지로 구별해 볼 수 있다.

종이의 2D 기록
공간적 3D 기록
ICT 4차 산업의 4D 기록

이 3가지가 합쳐졌을 때 기록과 시각화의 힘은 배가된다.

종이 위의 2D기록 시각화는 잘 알려진 대로 모든 서류, 다이어리, 플래너, 노트 등 종이나 화면 위의 기록과 시각화다. 신기하게도 종이 위의 기록은 인간의 뇌를 활성화하는 데 가장 좋은 방법으로 알려져 있다.

그 기록과 시각화를 회사별 플래너나 다이어리로 통일하여 적는 것도 하나의 방법이다. 개인이나 회사의 특화된 플래너로 시간 관리, 목표 관리를 보다 효율적으로 할 수 있다.

공간적 3D 기록 시각화는 집의 거실이나 현관 등의 가훈, 동사무소에 들어가면 민원실 벽면의 대통령·도지사·시장의 시훈·도훈·국훈, 회사의 출입구나 내부 곳곳에 다양한 목표 사훈들, 도시 내 현수막 광고 등을 말한다.

3D 시각화의 효과는 2D를 능가하는 힘을 가진다. 예를 들어 책과 서류보다 지나가는 공간에 붙여진 문구나 화면 등은 많은 사람들이 더 자주 보게 된다.

마지막으로 4차산업 4D 기록 시각화다.

최근 ICT 기술, 스마트 시스템 기술, 빅데이터, 모바일, 사물인터넷 등 4차 산업이 붐이라고 한다. 모든 것을 TV, 노트북, 스마트폰 등 각종 ICT 기기와 더불어 각종 SNS, 클라우드, 공유 서비스 등의 플랫폼 기술, 하드웨어를 넘어 소프트웨어를 통해 시공간을 자유롭게 넘나들어 기록하고 시각화할 수 있는 것이 바로 4D 기술이다. 이 기록과 시각화는 2D와 3D보다 압도적으로 빠르고 더욱 파급적인 영향력을 행사할 수 있다. 지구 반대편 사람과 여러 가지 4D 기술을 활용해 언제어디서든 시공간의 제약 없이 기록화, 시각화가 가능하기 때문이다.

그리고 핵심은 앞의 3가지 방법을 함께 활용하면 더욱 효과적이라는 것이다. 인류 기술이 아무리 발전하더라도 종이의 고유 가치를 대신할 수 없듯 2D, 3D, 4D 3가지 방법으로 기록, 시각화하면 결국 목표와 꿈을 이룰 수 있다.

꿈, 이념, 가치, 철학 등을 질문하고 기록하고 보이게 하는 것은 시급 1만 원 이상을 만들기 위한 필수적인 기본기다. 그 기록과 글귀 하나하나에는 혼이 담겨 있어야 하고 진심과 간절함이 묻어나야 한다.

또한, 그 기록이 시각화되어 인간의 무한한 능력을 끊임없이 자극시켜야 한다. 단순히 시급을 올려주는 식이 아닌, 질문의 힘으로 생각하는 능력을 기르고, 기록과 시각화를 통해 해결하는 방법을 찾아가야 한다.

돈을 벌기 위해 창업한다고? 시작도 하지 마라!

시급 만 원을 위해 정부에 시위를 한다고? 꿈도 꾸지 마라!

현명한 질문을 통해 바른 철학과 현명한 이념이 먼저이고, 다양한 방법으로 기록과 시각화를 통한 변화가 우선되어야 한다.

창업 초기부터 모든 용어를 긍정의 언어로 통일하려 애썼고, 질문하
고 기록하고 보여주며, 철학과 비전을 직원과 고객에게 끊임없이 설
파했다. 하지만 이런 식의 경영은 10년간 좌절과 실패의 연속이었다.
이유인즉, 철학과 비전이 좋아도 결국 이익이 남지 않았기 때문이다.
이익이 남지 않으니 결국 하나둘 직원과 협력 업체들은 떠나갔다.

　이익이 나지 않으면 비전이 없다고 인식할 뿐 아니라, 급여나 대
금에 대한 약속과 신뢰가 깨질 수밖에 없다. 더군다나 적자폭이 늘
어나면 신용 불량뿐 아니라 빚이 쌓여 끊임없이 부도 위기를 맞이해
야 한다.

　경영철학과 가치를 늘 0순위로 생각한 나는 '이익은 자연스레 따라
오는 거야'라는 막연한 생각으로 재무적인 상황은 늘 뒷전이었다. 또

한, 그러한 생각이 '고객에게 봉사하는 삶'이라고 장밋빛 철학으로 믿었지만, 아무도 인정해주지 않았다. 결국 나는 회계를 배제한 주먹구구식의 경영을 하고 있다는 것을 10년이 지나서야 깨달았다.

즉, 가치와 철학이 뿌리라면 그 위에 줄기와 가지 격인 경영 시스템을 만들어야 했다. 어느 하나라도 소홀히 하면 가지에 달콤한 열매인 이익을 남길 수 없었다. 나는 경영 10년간 줄기와 가지의 시스템을 만들지 못하여 열매는커녕 부도 위기를 수없이 맞이했다. 고객을 향한 투철한 사명감과 철학에만 집중한 나머지, 자칫 이익 없는 회사로 문을 닫을 수 있음을 뒤늦게 깨달았다.

"이익이 없는 경영은 이 세상에 존재의 가치가 없다."

뿐만 아니라 "가치 없이, 이익만 추구하는 경영 또한 세상이 외면한다."

이를 경영자들은 반드시 알아야 한다. 작더라도 지속 가능한 조직은 철학과 이념이란 뿌리를 바탕으로 이익이란 열매를 반드시 만들어내야 한다. 그러기 위해서 줄기와 가지의 탄탄한 경영 시스템을 구축하여 실천해야 함을 더 많은 조직과 기업에 설파하고 싶다.

앞서 밝혔던 긍정의 용어 통일, 질문하고 기록하고 보이는 것 모두 가치와 철학이란 뿌리를 확고히 하는 단계였다. 이제 본격적으로 달콤한 열매를 위해 줄기와 가지 격인 경영 시스템을 갖추는 방법을 알려주고자 한다.

지금까지 경영서들은 뿌리 격인 경영 철학과 이념 혹은 열매 격인 이익에만 집중하여 설명했다. 하지만 지금부터의 내용은 대한민국에서 최초로 '시급 경영'을 공식화하여 누구나 시급 만 원 이상을 만들어 갈 수 있게 줄기와 가지를 이야기하려 한다.

나 또한 이 공식을 만들어 직접 증명했고, 부록에서 성공 사례를 공개하려 한다. 수천 권의 경영서를 읽으며 대한민국 중소기업 소상공인이 유독 경영에 약하고 폐업률이 높은 이유가 열악한 경영 시스템 때문임을 알았다. 또한 일본식, 미국식 경영과 한국의 경영 문화는 다른 부분이 상당히 많다.

지금부터는 시급 만 원 이상도 가능한 한국형 '시급 경영'을 만들고 공식화하여 알리고자 한다. 나 또한 이 공식을 10년 전에 알고 적용했더라면 반복적인 시행착오를 보다 빨리 없앴을 것이다. 하지만 늦었다고 생각할 때가 늘 시작이다. 어쩌면 과거 10년의 시행착오가 있었기에 이러한 공식이 나올 수 있었으니 말이다.

**우리나라 중소기업 소상공인 임직원들이
필수적으로 알아야 할 '시급 경영' 공식!**

이러한 시스템을 이미 적용하여 시급 1만 원 이상을 지급하는 조직들도 무수히 많다. 하지만 아직 우리나라 98%의 중소기업 소상공인들의 상황을 보면 90% 이상 모르거나, 설사 알아도 제대로 실천하지 못하는 것이 현실이다.

나 또한 10년간 경영을 하면서 제대로 실천을 못하다가 폐업 직전, 구사일생으로 시스템을 적용해 성공했다.

시급 공식 현재 나의 조직의 시급은 얼마인가?

$$\frac{(\text{팀 매출} - \text{팀 지출})}{\text{팀 시간}} = \text{시급 (\quad)원이 나오는가?}$$

앞의 공식은 나무로 비유하자면, 줄기와 가지 격인 경영 시스템 공식이다. 나는 이러한 공식을 10년간 알지 못했다. 매일매일 영업을 하러 뛰어다녔고, 조금이라도 지출을 줄이고자 했다. 그러나 이건 고육지책이었지 근본적인 문제 해결은 아니었다. 그래서 고심 끝에 '왜?'라는 질문을 스스로에게 하며 '적당한 시급은 얼마이며 어떻게 산출을 하며, 그것을 높이기 위해 어떻게 해야 하는가?'를 생각하게 되었다. 이 공식은 누구나 아는 단순한 공식이지만 반면 간과하기 쉽다. 지금까지의 시급은 정부에서 정해 주는 기준으로 계산하고 인건비로 지출하는 것이 대부분이었다.

이 공식은 팀별 혹은 작은 조직별로 시간당 얼마만큼 수익을 내는지, 시간당 얼마만큼의 지출을 하고 있는지 역계산하는 방법이다. 위의 공식을 그대로 적용한다면, 시간당 1만 원 이상 수익이 나와야 시급 1만 원을 지급해도 그 조직은 살아남는다. 하지만 시간당 1만 원 이하의 수익이 나왔음에도 시급 1만 원을 지급하면 그 조직은 머지않아 문을 닫는다.

예를 들어, 5명이 일하는 중소기업 혹은 기업 내 소속된 팀이 있다고 가정하자, 그들은 5명이 열심히 일하여 그 조직에서 하루 100만 원 매출을 올렸다. 그리고 5명의 인재비(인건비)를 뺀 원재료, 공과금 등 지출이 하루 60만 원이라고 가정하고, 일 8시간씩×5명=팀이 총 40시간의 일을 했다고 하자.

여기서 핵심은 지출에서 인재비를 포함시키면 안 된다. 왜냐면 시간당 시급을 역계산하는 방법이기 때문에 인재비를 포함하면 이중 계산이 되기 때문이다. 또한 팀 시간에서 사장이나 사장 가족이 들어갔다면 똑같이 포함시켜야 한다. 왜냐하면 그들도 똑같이 일하고 인재비가 발생하기 때문이다. 공식에 의하면,

시급 공식 예시 1

$$\frac{(\text{팀 매출 100만 원} - \text{팀 지출 60만 원})}{\text{팀 시간 40시간}} = \text{시급 1만 원}$$

이와 같이 이 조직은 1시간에 1인당 1만 원의 시급을 벌어들이고 있다. 결론적으로 이 공식대로 시급 1만 원을 5명에게 지급하면 팀 순수익은 0원이 되고, 시급 7천 원을 5명에게 지급하면 시간당 3천 원의 팀 수익이 남는 형태가 된다.

하나 더 예를 들어보자.

2명이 일하는 매장 혹은 기업 내 소속된 팀이 있다고 가정하자, 그들은 2명이 열심히 일하여 그 조직에서 하루 20만 원의 매출을 올렸

다. 그리고 2명의 인재비(인건비)를 뺀 원재료, 공과금 등 지출을 합하여 하루 15만 원으로 가정하고, 일은 5시간씩×2명=팀이 총 10시간의 일을 했다고 하자.

시급 공식 예시2

$$\frac{(\text{팀 매출 20만 원} - \text{팀 지출 15만 원})}{\text{팀 시간 10시간}} = \text{시급 5,000 원}$$

이와 같이 이 조직은 1시간에 1인당 5,000원의 시급을 벌어들이고 있다. 결국 시급 5,000원을 2명에게 지급하면 팀 순수익은 0원이 되고, 시급 1만 원을 2명에게 지급하면 시간당 -5천 원의 적자가 되어 머지않아 많은 빚을 지게 된다.

아주 단순한 공식이면서 경영의 모든 것을 함축하는 공식이다. 이 공식과 시스템을 알고 적용하면 모든 경영을 한눈에 파악하기 쉬우며, 모든 팀원이 함께 노력하는 동기부여를 할 수 있다. 경영자만 경영하는 것이 아니라 모든 팀원이 함께 수익이 날 수 있는 기본 틀을 갖출 수 있다. 몇 명 안 되는 중소기업 소상공인뿐 아니라, 대부분의 기업들이 팀 경영을 하는데, 팀으로 이 공식을 도입하면 어떤 기업도 가능하다.

모르고 있거나, 알고 있으면서도 제대로 실천하지 못하면 결국 수익이 나지 않아 끊임없는 시행착오를 겪는다. 이 공식을 도입하기 위해 이번 장에서 먼저 해야 할 것이 있다. 그것은 바로 공식에서 필요한 4가지 항목의 통장을 반드시 분리해서 만드는 것이다.

그리고 그 4가지 통장을 전 임직원에게 공개해야 한다. 즉, 팀 매출통장, 팀 지출통장, 팀 시간통장, 남은 이익투자 통장 등 이렇게 4개의 통장을 나누어 만들고 전 구성원들에게 공개해야 한다.

우리나라는 과거에 경영 이익이 많이 남았던 시대가 있었지만, 현재는 공급과잉을 넘어 한치 앞도 내다볼 수 없는 격변기 상황이다. 현재 상장회사 조직의 평균 영업 이익률은 5% 수준이다. 오히려 적자 조직이 50% 이상으로 더욱 힘든 시대가 온 것이다. 상장회사인 대기업, 중견기업이 이 정도인데 중소 소상공인 조직은 어떨까?

90% 이상이 상장회사보다 더 열악하다. 그럼에도 상장회사 법인들은 재무 상태 고시의무가 있지만, 중소 소상공인의 개인회사 재무상태는 오로지 사장 유일의 비공개 권한으로 활용된다. 결국, 경영진들은 통장과 자금의 상황을 오로지 개인 돈으로만 생각하여 자금과 현금 흐름을 이해하지 못해 악순환 경영을 반복한다.

결국, 임직원들은 생각하게 된다. '사장 혼자 돈 벌면서 나만 부려먹는 것 아닐까?' 또는 '사장만 편하고 우리는 늘 열악한 노동자가 되는 것 아닐까?' 이런 식의 오해가 하나둘 생겨나는 것이다.

심하면 조직에 대한 각종 의심이 생기고 신뢰가 떨어지기 시작한다. 사람의 마음은 간사하여 눈에 보이지 않으면 상대를 의심하기 마련이다. 연인이나 부부지간에도 서로 자주 보지 못하면 오해나 싸움이 일어나듯, 조직의 리더와 구성원이 함께 마주하고 소통할 유일한 방법은 공통사인 돈의 흐름을 공개하는 일이다.

많은 조직의 사장이나 경영 관리자는 통장을 공개하는 것 자체를 꺼린다. 이익이 많이 나고 충분히 시급 1만 원 이상 주는 10%의 조직들은 지금까지 했던 방식대로 해도 무방하다. 하지만 분명 시급 1만 원이 걱정되고 지금도 이익이 나지 않아 어려운 90% 조직이라면 반드시 먼저 할 일이 바로 통장을 나누고 공개하는 것이다.

나 또한 경영 10년간 끊임없이 적자의 연속이었고, 힘든 경영 속에서 다양한 소통법을 도입해 미팅, 교육, 회식도 해보았지만, 자발적이기보다 수동적이었고, 모두 그때뿐이었다. 수없이 많은 시행착오를 경험하고 회사 문을 닫기 직전에야 결단했다.

"저는 여러분과 함께 정직하고 투명하게 소통하려 합니다. 지금은 힘들지만 앞으로 누가 뭐래도 즐겁고 행복한 꿈의 일터를 만들고, 나아가 중소기업 고객사에게 사랑받는 급식회사를 만들기 위해 언제나 여러분과 함께할 것입니다. 그래서 저는 여러분께 10년 만에 팀별 통장을 공개하려 합니다. 이제부터는 여러분이 주인이 되어 회사지갑을 보다 튼튼하게 만들어주시길 부탁드립니다."

사실, 이같이 말한 이유는 경영이 그만큼 어려워 이익이 나지 않고 있다는 증거 아닌 증거를 보이기 위한 의미도 있지만, 보다 정직하고 투명하게 임직원과 소통하기 위함이었다. 그러자 꽉 막혔던 회사의 소통 문화가 한순간에 뻥 뚫리기 시작했다.

"드디어 사장이 미쳤구나."

"이렇게 통장에 돈이 없으면 우리 회사 문 닫는 거 아니야?"

"매출은 이렇게 많은데 이익은커녕 적자네?"

"지출 항목이 이렇게 많아? 이달에 수도 요금은 왜 이렇게 많이 나왔어? 사장 허리가 휘겠네."

"우리 인재비 만들기도 너무나 어려운 상황인데?"

이렇게 긍정의 내용이든 부정의 내용이든 통장 공개로 소통이 시작된 것이다. 매출통장이 아무리 많이 찍혀도 결국 지출 통장과 시간 통장(=인재비 통장=인건비 통장) 그리고 남은 이익 통장까지 공개함으로써 결국 이익이 나지 않을뿐더러 오히려 적자가 나고 있음을 모든 임직원이 알고 깜짝 놀란 것이다. 소통은 별게 아니었다. 정직하고 투명하게 통장을 보임으로써 소통이 시작되었다.

어려운 조직은 왜 어려운지 문제 해결을 위해 공개해야 하고, 이미 잘 나가는 조직은 더욱 잘 나가기 위해서 투명하게 공개해야 한다. 말은 쉽지만, 실제로 이러한 시스템을 만드는 조직은 많지 않다. 나의 매출을 왜 공개해야 해? 매출 공개하면 돈을 많이 번다고 오해하는 것 아닐까? 나의 재무 상태가 다른 사람에게 부끄럽게 노출되는 것 아닐까? 내가 쓴 지출이 적나라하게 공개되는 것 아닐까? 이렇게 경영자들은 생각할 수 있다. 나 또한 처음에는 이렇게 생각했고 두려웠다.

행여나, 임직원들이 경영을 못한다고 생각하지 않을까? 사장 자격이 될 수 없다는 소리를 듣지 않을까? 내심 걱정했다. 하지만 공개한 순간 걱정은 사라졌다. 같이 걱정하고, 같이 의논하며 더 나은 방법을 위해 제안하며, 순식간에 통장을 본 모든 임직원은 사장의 눈과 마음이 되어갔다.

지금까지 비공개로 사장과 몇몇 관리직만 아는 불통의 경영을 했기 때문에 그들 몇몇만 어려웠던 것이다. 소통과 단합이 안 되는 것은 두말할 것도 없었다. 반대로, 이익이 남아 현금 흐름이 원활할 때도 사장만 이익을 많이 가져간다고 생각하지 않는다. 오히려 더욱 탄탄한 조직이라는 자부심이 생기고, 더 많은 믿음과 소통이 쌓인다.

통장의 모든 내용을 4가지로 분리해, 정직하고 투명하게 공개했더니 소통이 되기 시작했다.

그렇다면 4개의 통장으로 나눈다는 것은 무엇을 의미할까?

· 매출 통장

고객이 입금해주는 통장이다. 고객이 제일 많이 선택해서 쓰고 있는 통장 위주로 1개만 만든다. 여러 개를 만드는 순간 매출 파악이 어려워진다.

· 지출 통장

보이는 지출, 보이지 않는 지출, 고정비, 변동비 등 운영에 대한 모든 지출을 담당할 통장이다. 다음 달 생활할 수 있게 매출통장에서 지출통장으로 반드시 월 1회 이체시켜놓는다. 단 여기서 핵심은 인재비(인건비)는 지출통장에 넣으면 안 된다. 조직당 최소 수십 가지 필수 지출 항목부터 많게는 수백 가지 지출 항목이 있는 곳도 있다.

· 시간 통장

인재비 통장. 시급 경영 공식을 활용하여 시급이나 인재비를 지급해 주는 통장이다. 반드시 제일 안전하게 보호해야 하고 제때에 정확히 계산하여 지급해야 한다. 물론 상호 간에 오해와 문제의 소지가 없이 계산하는 것을 함께 보고 확인할 수 있어야 한다.

· 이익 통장

매출에서 지출과 시간통장을 뺀 나머지를 이익투자통장에 넣어놓는다. 반대로 이익을 먼저 떼어놓고 나머지로 지출과 시간통장을 절약해서 관리하는 방법도 있다. 후자의 방법이 초기 절약하는 습관을 들이는 단계에서 훨씬 빠른 경영법이다.

앞의 4가지 통장을 반드시 분리하고 공개해야 본격적인 경영이 시작된다. 1인 경영이든 10인 경영이든 100인 경영이든 통장 관리는 똑같다. 나는 경영 초기 가장 쉬운 통장의 분리조차도 하지 않았다. 그 결과 초기에는 자금 규모가 작아 파악하기가 쉬웠지만, 경영이 점차 복잡해지고 확장되면서 통제는커녕 파악조차 힘든 상태가 되어갔다. 핑계라곤 오직 경리직원이 없거나 관두었다는 것인데, 결국 난 자금의 흐름 자체가 파악이 되지 않아 늘 고전하는 악순환의 연속이었다.

때론 1개의 통장으로 관리해보기도, 또 수십여 개의 통장으로도 관리해보았지만 결국 시급 경영 공식대로 4개의 통장이 이상적임을 깨달았다. 그렇다면 4개의 통장으로 나누고 공개한다는 것은 구체적으로 무엇을 의미할까?

❶ 회계의 기초 지식을 활용하여 자금 흐름을 단순하게 하기 위함이다.

❷ 자금 흐름을 나쁘게 하는 원인을 발견하여 명확하게 해결하기 위함이다.

❸ 자금 흐름을 정기적인 규칙으로 관리하기 위함이다.

❹ 현금과 같은 보이지 않는 돈을 보다 잘 관리하기 위함이다. (현금을 없애는 게 가장 좋다)

❺ 지출 항목 체크 리스트에 맞게 약속을 지키기 위함이다.

❻ 보이지 않는 돈의 출처까지도 명확하게 알기 위함이다.

❼ 지속적 관리로 신용을 높이고 추가 자금 융통을 더욱 원활하게 하기 위함이다.

❽ 구성원과의 투명한 공개를 통해 회사를 신뢰하고 함께 만들어 가기 위함이다. (블록체인 기술)

❾ 매출 수금기간과 지출 결제의 지급기간의 차이로 흑자형 부도를 막기 위함이다. (수금은 빠르게, 지급은 여유 있게)

❿ 세금 이후의 이익까지 파악하기 위함이고, 이익금을 미리 떼어내어 운영하기 위함이다.

⓫ 관리 회계=세무 회계=재무 회계를 일치시키기 위함이다.

(일일 시급 경영표/월간/분기/반기/연간표를 실제 세무 회계와 재무 회계로 일치시킨다)

이밖에도 4가지의 통장으로 나누어서 공개적으로 관리하면 좋은 점이 많다.

그중에서 가장 중요한 것은 임직원과 함께 소통하는 참여 경영이 가능하다는 것이다.

지금 바로 이 책을 바로 덮고 은행에 뛰어가서 4개의 통장을 만들고 구성원에게 공개하라.

그 순간 경영이 180% 바뀔 것이다.

시급 공식 2_**매출통장 최대**

시급 공식은 무엇을 의미하는 것일까?

단순히 내 시급이 얼마인지 계산하는 공식일까? 시급이 어떻게 만들어지는지 알아가는 공식일까? 시간당 얼마를 버는지 파악하는 공식일까? 시급 1만 원 이상도 함께 만들어가는 공식일까?

위의 물음에 모두 'Yes'이다. 시급 경영의 궁극적 의미는 시급을 높이기 위해 노·사·정이 함께 만들어가는 '경영 공식'이라는 뜻이다.

시급 공식

$$시급 5,000원 = \frac{(\ 팀\ 매출\ 최대로\ -\ 팀\ 지출\ 최소로\ )}{팀\ 시간\ 최소로}$$

여기에서 시급을 높이기 위해서는 팀 매출은 최대로 만들고, 팀 지출은 최소로 만들며, 팀 시간 또한 최소로 해야만 시급이 올라간다. 이는 초등학교 수준의 공식이기에 누구나 쉽게 이해할 수 있다.

이렇게 매출은 최대로 늘리고 지출은 최소로 줄이고 시간을 최소로 줄이면 자연스레 시급이 늘어난다. 매출과 지출과 시간, 어느 하나 중요하지 않은 게 없지만, 매출이 시작되어야 모든 경영이 시작되는 만큼 매출이 그중 가장 중요하다. 매출이 있어야 지출할 금액이 생기고, 매출을 위해 시간 배정도 할 수 있기 때문이다. 조직에서도 매출이 늘어나기 시작하면 사장뿐 아닌 구성원의 사기도 살아난다. 그렇다면 이 매출통장을 최대로 불어나게 할 방법은 무엇일까?

앞장 예시 1

5명이 일하는 중소기업 혹은 기업 내 소속된 팀이 있다고 가정하자. 그들 5명이 열심히 일하여 그 조직에서 하루 100만 원의 매출을 올렸다. 그리고 5명의 인재비(인건비)를 뺀 원재료, 공과금 등 많은 지출들이 하루 60만 원이라고 가정하고, 일 8시간씩×5명=팀이 총 40시간의 일을 했다고 하자.

공식에 의하면,

시급 공식 예시1

$$\frac{(\text{팀 매출 100만 원} - \text{팀 지출 60만 원})}{\text{팀 시간 40시간}} = \text{시급 1만 원}$$

앞장의 예시 1을 다시 보면,

여기에서 5명 팀원 매출이 어제는 100만 원이었지만, 오늘은 5명의 단합된 노력으로 인하여 매출을 130만 원으로 30% 올렸다고 가정하자. 단 이 장에서는 매출 최대를 위한 장이므로 다른 지출과 시간은 동일하다고 가정한다.

'어떻게 하면 매출을 최대로 만들 수 있을까?' 이 과제를 팀원들이 함께 의논하고 제안하여 움직인다. 과거에는 팀 리더나 사장이 제안해 매출을 걱정했지만, 이제는 상황이 달라졌다. 모두 다 매출통장을 투명하고 정직하게 볼 수 있기 때문에 매출을 어떻게 하면 최대로 끌어올려야 나의 시급이 올라가는지도 안다. 그래서 오늘은 다양한 제안을 실천하여 130만 원을 올렸다고 가정하자. 그렇다면 시급 공식에 의하여 어떻게 시급이 바뀔까?

시급 공식 예시1-1

$$\frac{(\text{팀 매출 130만 원} - \text{팀 지출 60만 원})}{\text{팀 시간 40시간}} = \text{시급 17,500 원}$$

팀 지출이 동일하고 같은 시간을 일했다고 가정했을 때, 매출이 30%가 올라 순식간에 시급은 17,500원으로 75%가 오른다. 즉 시급을 17,500원까지 지급할 수 있고 이 금액이 정확히 손익분기 시급이다. 또한 시간당 1만 원의 이익을 남기고 7,500원의 시급을 지급하면 팀의 하루 이익은 아래와 같다.

시간당 이익 10,000원 × 5명 × 8시간(하루 근무시간) = 40만 원의 하루 흑자가 나온다. 반대로 팀 매출이 -30%로 급격히 줄었을 때를 보자.

시급 공식 예시1-2

$$\frac{(\text{팀 매출 70만 원} - \text{팀 지출 60만 원})}{\text{팀 시간 40시간}} = \text{시급 2,500 원}$$

같은 지출이 발생했고 같은 시간 안에 일을 했다고 가정했을 때, 매출은 단지 30%가 감소했을 뿐인데 시급은 2,500원밖에 되지 않는다. 이 팀의 지출과 시간이 같다고 가정했을 때 순식간에 적자가 되는 것이다. 그것도 최저 시급 1만 원을 법적으로 강제한다면 시간당 -7,500원의 적자가 발생한다.

시간당 이익 -7,500원 × 5명 × 8시간(하루 영업시간) = -30만 원의 하루 적자가 발생한다.

이 팀에서 팀 지출과 팀 시간이 동일하다고 가정했을 때, 순수익 없이 시급 1만 원을 의무적으로 지급해야 한다면, 하루 100만 원의 평균매출이 나와야 가능하다. 즉, 하루 100만 원의 매출이 나오지 않는다면, 몇 개월 되지 않아 많은 빚과 어려움에 직면하여 문을 닫아야 함을 쉽게 알 수 있다.

나는 10년간 경영을 하면서 늘 살얼음판을 걸었다. 위에서 보는 바와 같이, 손익 분기를 넘기란 쉽지 않았기 때문이다. 쪼들렸고, 부족했기에 자칫 삐끗만 하면 적자폭이 순식간에 불어났다. 분명 이 정도면 이익이 남을 듯했고, 설사 이익이 조금 남더라도 그다음 달 경영을 잘못하면 순식간에 이익이 없어질 뿐 아니라, 적자폭만 더욱더 커져만 갔다.

보다 쉽고 보다 빠른 경영법을 아무도 알려주지 않았다. 아무리 많은 서적과 강의, 선배 경영진의 조언을 듣고 시행해 보아도 그때뿐인 단편적 미봉책에 불과했다. 끊임없는 리스크와 악순환이 반복되었다. 하지만 10년이 지난 지금 너무나도 쉽고 단순한 시급경영 공식을 개발해 적용하고 있다.

시급 공식

시급 (   )원으로 높이기 위해서는? $= \dfrac{(\text{팀 매출 최대로} - \text{팀 지출 최소로})}{\text{팀 시간 최소로}}$

매출 최대, 지출 최소, 시간 최소의 기본 원칙만 알고 모든 구성원이 함께 실천하면 끝이다.

이 공식을 몰랐을 때는, 경영자 입장에서는 '이익이 나면 시급을 올려줘야지' 하는 막연한 생각을 했다.

하지만 이익은커녕 어려운 경영의 연속이다. 법을 만들고 법을 집행하는 정부 입장은 최저임금을 올리면 해결되겠지 생각한다. 직원들 또한 지금까지 그래왔듯이 최저임금을 법으로 보호해주면 일시적으로 소득이 올라가는 현상을 느낀다. 경영자는 어떻게 하면 인건비를 줄일 수 있을지 늘 고민한다. 각 입장별 상황이 다르기 때문에 하나의 생각이 아닌 동상이몽의 생각들로 가득하다.

하지만 시급 경영 공식은 경영자, 임직원, 정부 모두가 시급을 올리는 방법을 명확히 설명해주고 있다. 지금까지 물고기를 주던 최저임금이라는 법의 보호가 아닌, 물고기 잡는 방법을 명확히 설명해 주고 있다.

사장이나 리더 혹은 정부가 움직인다고 해서 급여가 올라 소득 주도 성장이나 양질의 일자리가 늘어나진 않는다. 시급을 올려주고 싶고, 보너스도 주고 싶지만 제때에 급여를 만들 수도, 지급할 여력도 없는 작은 조직들이 많다는 것을 알아야 한다.

앞의 공식에서 보는 바와 같이 가장 중요한 핵심은 시급을 높이기 위해서는 노·사·정 모두가 하나의 팀이 되어서 함께 참여해야만 가능하다는 것이다.

난 직원 ,넌 사장, 난 근로자, 넌 경영자, 난 노동자 넌 CEO 이런 식의 마인드와 용어를 버리고, 모두 함께 사회의 대가족이 되어야 하고, 모두가 하나의 대한민국 국민이 되어야 하며, 국민 모두가 1인 사장이라는 마음으로 함께 움직여야 가능하다.

나는 이 공식에 의해 과거 10년간 악순환이던 경영을 극적으로 반전시켰다. 지금까지 단순히 정부에서 정해줬던 방식을 완전히 뒤집고, 모든 임직원이 팀별로 나뉘어 전사적으로 움직이기 시작했다.

"우리의 시급을 위해 팀 매출을 최대로 올려보는 거야!"

"어떻게 하면 팀 매출을 최대로 만들 수 있을까?"

"매출을 최대로 높이기 위해 다양한 의견을 제안해 실천해보자."

모든 구성원이 개개인의 의견을 하나둘 제안하기 시작했다. 그리고 나를 포함한 팀 리더들은 구성원들의 아이디어를 반영하여 실천하기 시작했다. 지금까지 수동적 경영이 아닌 자신들의 의견이 반영되는 능동적 경영을 시작하게 된 것이다.

사실, 시급 공식으로 시급을 계산하는 것은 초등학생부터 누구나 할 수 있다. 하지만 그 공식을 활용해서 본격적인 경영을 하기 위해서는 모든 임직원이 참여해야만 가능하다. 그리고 사장과 리더들은 함께 참여할 수 있도록 솔선수범하는 역할을 해야 한다. 그것이 바로 리더들의 몫이자 자질이다. 간혹 시급 경영을 부정적으로 생각하고 따라오기 어려워하는 구성원도 있다.

'왜 내가 경영자처럼 생각해야 돼?'

'경영은 리더나 사장의 몫이고 난 제때 급여 받고 안정적으로 생활하면 되지!'

'난 직원이고 노동자이고 법이 보호해주는데 왜 이런 것까지 내가 해야 해?'

초기에 이러한 생각을 가진 구성원을 종종 볼 수 있었다. 아니, 어쩌면 대부분의 임직원이 이런 생각을 할 수 있다. 분명한 것은 더 나은 시급과 더 나은 일터를 위해 조직을 함께 만들어가야 함을 강력히 설파해야 한다. 조직이 없어지면 조직 내 모든 구성원은 존재 이유가 없어진다. 반대로 그 조직이 탄탄하면 조직 내 모든 구성원이 안정적인 생활을 할 수 있다.

안정적 국가 조직이 있어야 이웃 나라에 침탈당하거나 의지하지 않고 안전하고 행복한 국민의 꿈을 펼칠 수 있듯이, 부도나 적자의 회사보다 수익이 나는 회사라는 조직이 있어야 그 회사 안의 임직원들이 즐겁고 행복한 인생이 가능하다. 마찬가지로 사랑하는 가족이 있어야 그 가족 안의 구성원이 행복한 자아를 실현하고 미래를 그릴 수 있다.

하지만 처음부터 구성원을 안정적으로 보호해주는 탄탄한 조직은 세상에 단 한 곳도 없다. 이것이 바로 중소기업 소상공인들의 조직이다. 안정적인 공무원, 공기업, 대기업 혹은 강소 기업들은 최소 10년 이상의 시행착오를 경험했던 조직들이다. 우리나라 공무원은 현재까지도 안정화를 만들어가고 있고, 대기업들은 최소 20년 이상, 중견기업이나 강소 기업은 탄탄한 기업이 되기까지 최소 10년 이상의 시간이 필요했다.

테슬라, 구글, 애플, 마이크로소프트 등 현재 굴지의 대기업들도 초기 10년간 적자의 연속이었다. 그들도 초기에는 중소기업 소상공인 수준이었다. 끊임없이 적자가 나고 유동성이 막히며 지급 약속이 지연되는 등 초기 10년은 열악함 그 자체였다.

우리나라 정부도 초기에 그랬고, 지금도 초기 조직, 작은 중소기업들은 역시 그렇다. 초기 10년의 열악한 시간 동안 작은 조직들은 결국 자신만의 노하우를 찾아 적자를 흑자로 바꿔나간다. 그리고 안정적인 조직 문화를 개발하는 것이다. 가장 안정적인 국가, 대기업 등에 많은 사람들이 입사하고 싶은 이유는 그 초기 기간이 지나 안정적이고 탄탄한 선순환 조직 문화가 만들어졌기 때문이다.

안정적이고 선순환의 조직문화를 만들기 위해서, 시급 경영 공식에서 가장 중요하게 여긴, 매출을 최대로 하는 방법은 무엇이 있는지 좀 더 구체적으로 알아보자!

구체적 홍보처

구전 마케팅/각종 광고/현수막/전단지/팸플릿/보도자료/라디오/신문/TV/언론/잡지/웹사이트/사보/우편물/각종 SNS/이벤트/후원/매체/이메일/팩스/네트워크 모임/전략적 파트너관계/명함/우편/편지지/사보/전단지/달력/팩스/스크린 인쇄물/발표회/강연회 등

수없이 많은 종류의 마케팅 방법으로 매출을 최대로 만들어낼 수 있다. 이러한 마케팅 활용에 대한 책과 강의는 끊임없이 탄생하고 유행한다. 이 모든 방법들은 다 필요하며, 이 중 하나의 방법으로도 성공을 이룰 수도 있다. 하지만 최소 10년의 경영 생활을 해보니 위의 방법들은 그때뿐이고 지속 가능하지 못했다. 즉 시행 때만 반짝 매출 효과만 있을 뿐 궁극적인 매출 최대 방법은 따로 있었던 것이다.

지금부터 내가 말하는 〈팀 매출 최대를 위한 7단계〉는 일시적이고 단편적이며 유행적인 마케팅 기법이 아니다. 전 세계적으로 수천여 곳의 중소기업들이 실천하고 활용하여 탄탄한 기업이 된 성공 방정식을 대한민국 실정에 맞게 변형한 것이다. 나는 이 공식을 통해 해마다 매출 50% 이상 고도 성장을 하고 있음을 자신한다.

나는 수백, 수천 권의 성공한 기업들이 쓴 책들을 직접 읽고 만들어

냈으며, 우리 조직이 실천하여 표준화한 것이기에 다른 조직과 기업들에게 알려주고 싶지 않은 노하우다. 하지만 앞서 말한 민족과 국가의 대승적 성공을 위해 투명하고 정직하게 공개하기로 했다. 앞으로 당신이 속한 조직이 매출 최대를 위한 10년, 100년 지속 가능한 방법이기에 반드시 도입하여 실천해보길 권한다.

팀 매출 최대를 위한 7단계

1단계

내부 고객팀을 구성하고 리더는 2명 이상, 그중 대표 리더 1명을 선발하라. 반드시 전체 매출을 세부 구성원별로 나누고 급여 또한 매출 비율로 연동시켜라. 주간회의 1시간 참여는 팀워크의 핵심 중 핵심, 끊임없이 팀워크를 강화하라.

2단계

외부 고객을 반드시 구체적인 '○○○ 유형인 사람'으로 분류 후, 특화된 1가지 유형만 선정하여 그에 맞는 상품과 서비스로 재편하라.

3단계

특화한 1가지 고객 유형을 위해 가장 중요한 혜택 3가지를 나열하고, 이것을 포괄할 수 있는 문구를 10자 이내로 정하여 통일 적용시킨다.

4단계

자신의 제품을 홍보하기 전에 2단계 외부 고객 간 입장에서 진심으로 좋아할 만한, 가치 있는 것을 반드시 무료로 먼저 제공한다.

5단계

일관성과 유연성을 위해 스타일 조절 지침(그림, 색깔, 활자체, 편집 체제)을 만들어 통일하여 적용시켜야 한다.

6단계

1가지 유형의 고객관리를 위해 데이터베이스(DB)+프로그램을 오로지 1가지 플랫폼 시스템으로 통합 구축하고, 내·외부 고객 간에 서로 쌍방향 소통과 확장을 가능하게 한다.

7단계

앞의 6단계까지가 다 준비되고 나면 외부 고객이 자주 가고, 보고, 듣는 곳, 즐겨 찾는 방법을 알아내어 알리고 홍보하며, 꾸준한 관계를 유지한다.

앞의 7단계로 매출이 무한히 확장되고 있다면, 또 다른 유형의 1가지 고객을 위해 1단계부터 돌아가라. 그러면 어느 순간 조직은 무한하게 확장되어 있을 것이다.

1단계

내부 고객팀을 구성하고 리더는 2명 이상, 그중 대표 리더 1명을 선발하라.
반드시 전체 매출을 세부 구성원별로 나누고 급여 또한 매출비율로 연동시
켜라. 주간회의 1시간 참여는 팀워크의 핵심 중 핵심, 끊임없이 팀워크를 강
화하라.

내부 고객이란 나와 함께 비전을 만들어갈 임직원이나 협력 업체를
말하며, 외부 고객이란 내부 고객으로 인해 실제 매출을 만들어주는
고객을 말한다. 실제 우리는 고객이라 생각하면 외부 고객만을 생각하
지만, 외부 고객을 위해서는 일단 내부 고객의 팀을 잘 구성해야 한다.

사장 혼자이든, 직원이든, 파트 타이머이든, 가족이든, 협력 업체든
그 누구라도 좋다. 한 분 한 분을 소중히 대하기 위해 내부 고객이란
긍정의 용어로 통일하고 팀을 구성한다. 즉, 매출에 직간접적으로 영
향을 미치는 이들과 함께 내부 고객팀을 만든다. 적게는 2~3명부터,
많게는 10~12명 내외의 구성원으로 한다. 구성원이 많으면 소통이
힘들어지므로 그때는 다시 팀을 세부적으로 쪼개면 된다. 이들과 함
께 최소 주 1회 1시간 이상 정기적 미팅 시간을 의무적으로 만들고 소
통의 시간을 갖는다.

여기서 핵심은 바쁘다는 이유, 여러 가지 다른 이유 등으로 미팅에
참석하지 않는 내부 고객은 과감히 다른 구성원으로 대체해야 한다.

아무리 바쁘고 다른 이유가 있어도 1주의 1시간 내부 고객 의무전략 시간의 중요성을 반드시 설파하여 참여하도록 해야 한다. 자주 빠지는 구성원은 조직 문화나 비전을 생각하지 않고 자기중심적인 사고로, 변화하거나 배우려 하지 않는 사람이다. 이 구성원이 속한 팀은 머지않아 다양한 문제가 발생되므로 빠른 시간 내 변화를 주거나 다른 구성원으로 대체한다.

또한 리더는 팀장·부팀장이든, 팀장 중 대표 팀장이든 리더를 2명 이상 선발해야 안정적이다. 만약 팀장이 부득이 자리에 없으면 부팀장이 보조 운영 관리를 할 수도 있고, 서로 협업할 수도 있기 때문이다.

또한 한 조직에 2개 이상 팀이 존재한다면, 전체 매출을 팀별로 나누어 세분화한다.

즉 팀별 창출 비율에 따라 매출을 나누어 자기 팀의 매출을 명확히 해야 한다. 예를 들어 10명이 일하는 작은 중소기업이 하루 100만 원의 회사 전체 매출이 나왔다. 이들은 5명이 생산을 하고, 4명이 영업 유통을 하며 1명이 행정 관리를 한다. 그리고 시간은 하루 8시간 근무를 한다고 가정했을 때, 생산팀 5명의 하루 매출은 50만 원, 영업팀 4명의 하루 매출은 40만 원, 관리팀 1명의 하루 매출은 10만 원 식으로 팀별 매출을 정확히 분리한다.

이렇게 전체 매출을 각각의 팀이나 사업마다 나누고, 팀별로 움직이도록 매출 최대 활동을 시작하면 된다. 즉 팀마다 명확한 손익이 나오고 지표가 분석되어야 시급 경영 시스템이 구현할 수 있다.

외부 고객을 반드시 구체적인 'ㅇㅇㅇ 유형인 사람'으로 분류 후, 특화된 1가지 유형만 선정하여 그에 맞는 상품과 서비스로 재편하라.

내부 고객팀을 구성했다면 이제 외부 고객을 사람으로 구체화하고 재편해야 한다. 많은 마케팅 관련 이론서나 경영 노하우 책을 보면, 매출을 서비스나 상품별로 분리하라고 강조한다. 하지만 나는 서비스나 상품으로 관리하여 효과는커녕 실패한 경험이 많았다. 더 많은 매출을 위해 서비스나 상품이 계속해서 늘어나는 역효과가 나오고, 결국 관리나 생산의 부작용이 초래되어 조직이 커질수록 성장통을 겪거나 심하면 폭발하는 과정까지 경험한 것이다. 우리 또한 매해 더 많은 서비스와 상품으로 고객을 만족시키려 했으나, 고객은 그런 모든 서비스나 상품을 기억하지 못했고, 조직은 흑자형 부도에 직면하였다.

즉, 매출을 서비스나 상품 혹은 제품 라인별로 절대 쪼개지 말아라. 그 대신, 매출을 구체적인 ㅇㅇㅇ 유형인 사람으로 분리해보자. 즉 구체적인 '사람'으로 분리하는 것이 핵심이다.

우리는 10년 전부터 아침 도시락부터, 점심 도시락, 저녁 도시락, 1인용 도시락, 커플 도시락, 3~4인용 도시락, 단체용 도시락, 20인 이상 급식, 100인 이상 위탁급식, 출장뷔페, 케이터링 행사, 샐러드, 죽, 다이어트 급식 등 끊임없이 많은 상품들을 생산, 유통, 판매했다.

하나의 생산 공장에서 매출 종류만 무려 20여 가지 이상이었다. 더군다나 적자의 연속이었다. 이게 안 되면 다른 것에 욕심을 냈고, 다른 게 안 되면 또 다른 것에 관심이 생겼다. 고객들은 혼란스러워했고, 무엇을 하는 곳인지 궁금해했다.

우리는 다양한 것들을 하고 있기에 종합 식품 회사가 될 거라는 막연한 꿈만 갖고 버티고 있었다.

결국 회사는 힘들어지고 많은 신생 기업들이 생겨 시장은 혼탁해졌다. 심지어는 중견 기업들이 도시락 시장에 진출하면서부터 망하기 직전의 수준까지 갔다.

우리는 극적으로 10년 만에 결단을 내렸다. 많은 제품과 서비스를 모두 다 버리고 오로지 1가지 구체적 유형의 '고객'만 선택하기로 한 것이다. 초기에는 '급식'이라는 제품이나 서비스 형태의 잘못된 선택을 했지만, 소기업 관리자들이라는 '사람'으로 변경하기 시작했다.

결국 우리는 '20인 이상 중소기업 급식관리 팀장급 실무자'라는 1명의 구체적 고객을 선택했다. 하지만 선택 후 초기 몇 개월간의 아픔은 상상 이상이었다.

1명의 구체적인 고객 외에 10년 가까이 정들었던 다른 유형의 고객들에게 억지로 서비스를 중단해야 했기 때문이다. 기존 임직원 20인이 안 된다는 이유로 정중히 양해를 구하고 고객들을 하나둘 떨어트리기 시작했다. 매출은 순식간에 1/3 토막까지 나고 주변에서는 우리 회사가 망했다는 유언비어까지 나왔다. 하지만 이를 악물고 이 방법을 믿어보기로 했다.

과거 10년간 시도했던 제품이나 서비스 중심이 절대 아니었다. 다시 한 번 강조하지만 오로지 1가지 구체적 유형의 고객 중심이어야 한다.

그리고 이렇게 특화한 1가지 고객 유형인 '20인 이상 중소기업 급식관리 팀장급 실무자'에게 어필할 수 있는 모든 제품과 서비스 목록을 다양하게 작성했다. 설사 지금 제공을 못하더라도 이들에게 놀라운 제품과 서비스 등을 무한하게 상상하고 작성해서 공유해야 한다.

제품과 서비스를 구성 요소로 나누고 개개인의 독특한 요구를 더욱 맞춤형으로 상상해도 좋다.

오로지 '20인 이상 중소기업 급식관리 팀장급 실무자'란 고객에게 누구도 흉내 내지 못하는 무한한 가치를 주기 위해 방법들을 나열하기 시작한 것이다.

'20인 이상 중소기업 급식관리 팀장급 실무자'의 고객을 설정했을 때, 그들이 진정 원하는 것은 직원들이 정말 맛있게 잘 먹고 있다는 칭찬과 더불어 회사에서 대우받고 있음을 알아주는 것이다. 그러기 위해서 어떤 상품과 서비스로 재편할까?

- '20인 이상 중소기업 급식관리 팀장급 실무자'를 위한 상품과 서비스
- 열악한 구내식당을 깨끗하고 위생적 환경관리로 선사
- 늘 맛있고 풍족한 식사시간을 위해 다양한 유형의 급식 식단 제공, 푸드코트식의 식단제공
- 자신 업장의 연령별·성별로 업장마다 취향이 다른 맞춤형 식단 제공
- 고임금의 조리사 영양사 순회 무상 지원, 무상 파견

- 한 달에 한 번 무한 삼겹살 특식으로 모든 스트레스 해소
- 1주에 한 번 맛집 전골 형태의 특식 제공
- 주변 맛집 식당에서 먹는 것보다 비용을 줄이고 싶어 하기에 식당보다는 조금 더 저렴한 단가로 제공
- 중소기업 역량을 강화할 수 있는 교육 제공
- 급식, 간식, 복지 등 신경 쓸 겨를이 없으므로 그들을 대신해서 매뉴얼 제공
- 진심으로 원하는 핵심 정보를 우리의 홈페이지나 SNS 등 하나에서 모두 제공, 많은 정보의 홍수 속에서 그들이 원하는 광범위한 중소기업 핵심 정보를 확인할 수 있게 함
- 신경 쓰지 않게 임직원들에게 놀라운 식단과 놀라운 맛, 내가 짠 식단, 내가 선택한 식단을 먹을 수 있게 가치를 선사
- 스마트폰/비디오/책/웹/정보지/인스타그램/앱/페이스북/등 이들로 인해 추가적인 정보와 마케팅 제공
- 관심을 가질 만한 주요 협력사 및 경쟁사들의 목록을 하나로 모아서 그들과 함께 성공할 수 있는 시스템을 제공, 그리고 그들에게 다양한 정보를 주고 그 정보들을 활용한 마케팅 분석까지 무한 제공
- 임직원들의 복지와 같이 기본적 소양교육 및 공통 교육 시스템 제공, 팀장이나 사장들을 위한 취미반 요리 강습보다 관리자들 핵심인력을 위한 교육시스템을 만드는 것이 더욱 효율적, 시급 경영을 구체적 교육으로 실시
- 미혼이라면 만남 주선 및 행복한 결혼 장려, 경영관리에 지친 당신! 이제 모든 것을 맡겨보세요. 그리고 보다 높은 성과에 집중하세요
- 직원들한테 인정받을 수 있게 복지, 복리후생을 관리

- 힘들어 하는 4차 산업을 위해 쉽고 빠르게 대응할 수 있는 시스템 구축
- 그들의 남다른 조직 관리의 경험을 위해 시급 경영 시스템 제공
- 네트워크 토론, 소통 문화를 만들어줌, 그리고 그들의 남다른 관리 능력을 위해 인맥, 취미, 밥, 건강, 운동, 교육을 통째로 지원
- 관리 필독서, 논문, 관리 장비, 소프트웨어, 하드웨어, 보험, 여행, 모임 등에 대한 할인 가격 적용
- 경영을 손쉽게 할 수 있도록 온라인 자문 무료 제공
- 성공을 이끌어 주고 도와줄 수 있는, 기타 유용하게 생각할 수 있는 수십 가지 제품과 서비스 등

위와 같이 오로지 '20인 이상 중소기업 급식관리 팀장급 실무자'를 대상으로 한 무한한 가치의 아이디어가 샘솟기 시작했다. 지금 제공하지 못하더라도 무한하게 상상하고 기록하라.

그리하면 나중에 반드시 이루어진다. 오로지 한 가지 구체적 유형의 사람과 결혼한다는 마음으로 임해야 한다. 여러 사람과 결혼은 할 수 없는 것처럼, 반드시 1가지 구체적 이상형을 찾아서 적극적으로 구애 작전을 펼쳐야 한다. 그러면 반드시 그 유형의 사람들은 우리를 찾고, 우리는 그들을 위해 준비된 놀랍도록 매력적인 일을 펼치면 된다. 지금 당장 자신의 조직에 맞게 적용하여 기록해보자.

'20인 이상 중소기업 급식관리 팀장급 실무자'를 위해 위에서 생각한 상품과 서비스 목록 중 가장 중요한 3가지 혜택을 나열해본다.

① **맛**

'20인 이상 중소기업 급식관리 팀장급 실무자'들이 그들의 직원들에게 감사할 정도로 인정받을 수 있는 맞춤형 식단 상품과 맛집 이상의 급식 맛

② **위생**

'20인 이상 중소기업 급식관리 팀장급 실무자'들이 그들의 열악한 식당을 깨끗하고 위생적 환경관리를 하게 함과 더불어 음식/식품의 완벽한 위생 선사

③ **서비스**

'20인 이상 중소기업 급식관리 팀장급 실무자'들이 급식 문화, 복지 문화, 관리자 문화 등 그들만의 남다른 퀄리티를 공유할 수 있는 맞춤형 서비스가 필요하다. 이것을 모든 마케팅 도구의 기준으로 통일시키는 게 핵심이다. 이 모든 것을 포함할 수 있는 홍보 문구를 10자 이내로 정한다.

"급식에 가치를 더하다."

그리고 앞에 말한 다양한 홍보 방법을 적용시키면 된다. 전문가라는 이미지를 심기 위해 언제나 똑같은 말, 똑같은 단어, 똑같은 어조로 언제나 일관되고 통일된 메시지를 고객에게 전달해야 한다. 즉 결정적인 글을 10글자 이내로 작가처럼 가장 먼저 만들고 모든 마케팅 프로그램 선언문을 활용하여 모든 메시지에 반영하면 된다.

4단계

자신의 제품을 홍보하기 전에 2단계 외부 고객 입장에서 진심으로 좋아할 만한, 가치 있는 것을 반드시 무료로 먼저 제공한다.

우리는 이렇게 '20인 이상 중소기업 급식관리 팀장급 실무자'들에게 무료로 가치 있는 것을 제공함으로써 고객이 우리 집 문 안이든, 고객의 집 문 안이든 발을 들여놓을 수 있게 한다. 단 무료가 구두쇠 같은 무료가 아닌 고객이 원하는 것을 파격적으로 제공해야 한다. 단순히 판매자 입장의 리플릿, 책자, 강연은 외부 고객에게는 아무런 가치가 없다. 고객 입장에서 더욱 가치 있는 것이 무엇인지 고민해보고 제공해야 한다. 그러면 외부 고객은 늘어나고, 그렇게 하지 않으면 외부 고객은 멀리 달아난다.

우리는 '20인 이상 중소기업 급식관리 팀장급 실무자'들이 가치 있게 생각하는 것을 끊임없이 생각해냈다.

무료 시식, 무료 식당인테리어, 무료 삼겹살 파티, 무료 회식, 직원들에게 인정받는 무료 소통시스템, 무료 세미나, 무료 책, 무료 조언, 무료 회원권, 무료 관리자 프로그램, 무료 어플, 무료 여행, 무료 관리자 태블릿, 무료 카드, 현금 등 그들이 깜짝 놀랄 만한 것은 무한하다. 핵심은 무료로 제공하는 것의 가치가 클수록 더 많은 외부 고객을 끌어들일 수 있는 것이다. 우리는 이 중에서 '20인 이상 중소기업 급식 관리 팀장급 실무자'들이 가장 가치 있다고 판단할 것을 선택하기로 한다. 이들은 그들의 임직원들에게 만족스러운 식사, 불평불만이 없는 급식, 그리고 맛있고 건강한 급식, 또한 인정받는 급식 관리 팀장급 실무자가 되고 싶은 것이다. 그리하여 잠재된 그들에게 최상의 가치를 무료로 주기로 한다.

"무료 삼겹살 파티"

> **5단계**
>
> 일관성과 동시에 유연성을 위해 디자인 스타일 조절 지침(그림, 색깔, 활자체, 편집체제)을 만들어 반드시 기준에 맞게 통일하여 적용시켜야 한다.

이성을 유혹하기 위해 오늘은 힙합 스타일, 내일은 정장 스타일, 모레는 캐주얼 스타일식으로 매일 다른 옷을 입는다고 가정하자. 상대방은 어떻게 생각할까? 물론 모든 옷 스타일을 잘 어울리게 입는 연예인 같은 사람이 존재한다. 하지만 대부분 상대방은 자신이 좋아하는 스타일의 옷을 입을 때 더욱 호감이 간다.

마찬가지로 디자인 스타일 조절 지침 없이 오늘은 고딕체, 내일은 필기체, 오늘은 검정색을 쓰고 내일은 흰색을 즐겨 써서 홍보물을 만들었다고 가정하자. 상대방은 어떻게 생각할까? 당연히 매일 다른 느낌의 인식으로 머릿속에 남는 것은 단 하나도 없게 될 것이다. 나는 순수미술을 7년간 배워 남들보다 디자인 감각을 익힌 것이 큰 도움이 되었다. 모든 디자인 스타일 조정 지침을 만들기 시작한다. 대부분 디자인 전문 회사에 맡기면 쉽게 해결된다. 그들은 전체적인 조절 지침의 기준을 만들어 적용한다. 그로 인해 일관성이 있고 고객들이 쉽게 알아볼 수 있다.

6단계

1가지 유형의 고객관리를 위해 데이터베이스(DB)+프로그램을 오로지 1가지 플랫폼 시스템으로 통합 구축하고, 내·외부 고객 간에 서로 쌍방향 소통과 확장을 가능하게 한다.

내가 선택한 1가지 유형인 고객 중심형 DB + 프로그램을 위해 반드시 1가지 플랫폼 시스템을 구축하여 확장해나간다. 기본적인 매출관리프로그램, 영업관리프로그램, 엑셀함수, 워드양식 · ERP · 각종

회계 프로그램·SNS 등 여러 관리 프로그램으로 흩어진 정보를 오로지 1가지로 통합하고 확장해나가야 한다.

과거 고객, 현재 고객, 잠재 고객 중심으로 통합 정보 시스템을 구축하고 확장해야 하며, 직원-고객-공급업체-파트너의 고객 DB를 중심으로 이상적인 시스템 모델을 구축해야 한다.

유지비가 저렴하다는 이유로 만들어진 기존 프로그램을 구매해서 쓰면 어떤 현상이 발생할까? 대부분의 프로그램은 여기서 제시한 7단계 관리를 무시한 채 상품, 서비스, 회계, 정산, 관리, 매출 등 단편적 방법만을 위해 존재한다. 이는 내·외부 고객을 위한 맞춤형 통합 시스템과 장기적이고 발전적인 플랫폼과는 거리가 멀다.

관리비가 저렴하다는 이유로 만들어진 프로그램을 구매하면 늘 자신만의 특성을 반영하고 싶어도 확장성이나 변경이 힘들어 포기하고 또 다른 프로그램을 구매하게 된다. 여러 프로그램에 끌려다니기 시작하면 그 수준 이상이 되지 않는다.

내가 선택한 1가지 유형의 고객관리 정보를 위해서는 프로그램을 구매하지 말고 구축해야만 한다. 초기 비용이 저렴하거나 자금이 없어서 기존의 프로그램을 몇 가지 응용해서 쓰는 순간 그 조직은 시행착오를 겪게 될 것이다.

나 또한 초기 10년간 월 몇 만 원 정도 하는 저렴한 프로그램을 구매하여 사용해보았다. 이 프로그램에서 안 되는 기능은 다른 프로그램을 구매하기 시작했고, 그러다 보니 결국 몇 개를 동시에 켜놓고 운영해야만 했다. 각종 프로그램을 동시에 띄워놓고 그래도 부족한 것은 엑셀 등 다양한 보조 서식도 활용해보았으나, 결국 많은 정보들이 흩어져서 나중에는 찾기조차 힘들었다.

흩어진 정보로 특정 유형의 고객에게 응용하고 적용하기란 더욱 힘들었다. 업종이 비슷하고 상품이 비슷하더라도 모두 비슷한 프로그램이 아니었다. 단순한 매출관리가 아닌 특정 1가지 유형의 고객 관리 시스템이 필요했지만, 그들의 정보를 찾고 활용하는 일에는 많은 시간이 허비될 뿐이었다.

결국 우리는 고비용을 들여 내부 고객과 외부 고객을 위한 맞춤형 프로그램을 구축했다. 예상대로 대부분 맞춤형 프로그램과 플랫폼 등은 몇 천만 원에서 수억 원이 들 정도로 고가였다. 그것도 초기의 개발 단계에서만 집중적으로 관리될 뿐, 개발 이후에는 수정과 확장이 쉽지 않아 악순환의 반복이었다.

다시 말하지만, 1가지 통합 프로그램 구축을 위한 핵심은 판매관리, 영업관리, 지출관리 등 수많은 매출 위주, 서비스 위주 기능들을 보고 선택하는 것이 절대 아니다. 이러한 프로그램들은 지구상에 너무나도 많다. 오로지 자신의 조직이 선택한 1가지 유형의 "고객 중심"이어야 한다.

여러 정보가 흩어진 것을 단 1가지로 통합시켜야만 한다. 과거 고객, 현재 고객, 잠재 고객을 중심으로 통합 정보 시스템을 구축해야 한다. 내부 고객인 직원 - 외부 고객 - 공급 협력 업체 - 파트너 등의 고객 DB를 중심으로 이상적인 시스템 모델을 구축해야 한다. 그리고 통합 정보 시스템은 반드시 이 고객들이 원하는 쌍방향 커뮤니케이션

이 즉시 가능해야 한다. 고객이 채팅이나 전화를 원하면 채팅이나 전화를, 고객이 E-mail이나 홈페이지 혹은 SNS를 원하면 그것에 맞게, 고객이 팩스를 원하면 팩스를, 고객이 방문이나 우편물을 원하면 그것에 맞게 실시간으로 재빨리 정보를 분류해서 제공할 능력이 있어야 한다.

즉 통합정보시스템은 조직의 핵심 두뇌다. 핵심 두뇌가 형편없다면, 우리는 부정확한 정보들로 인해 고객에게 실망을 줄 것이다. 두뇌가 잘 정리돼 있다면, 그 내용 역시 고급이다.

수천만 원, 수억 원 하는 비용으로 맞춤형 통합 시스템을 구축하는 시대는 이제 끝났다. 보다 합리적인 방법으로 구축하여 사용하는 방법을 다음 장에서 자세히 설명한다.

> **7단계**
>
> 앞의 6단계까지가 다 준비되고 나면 외부 고객이 자주 가고, 보고, 듣는 곳, 즐겨 찾는 방법으로 알리고 홍보하며, 꾸준한 관계를 유지한다.

본격적으로 홍보하는 방법은 반드시 그들이 즐겨 찾고, 듣고, 가는 곳에 집중해야만 한다. 모든 홍보매체를 활용하여 1가지 유형 고객이 즐겨 찾는 방법으로 가치 있는 무료 상품을 알리면 된다.

우리는 '20인 이상 중소기업 급식관리 팀장급 실무자'를 선택하여, 이들을 위한 채널, 방법 등을 찾기 시작했다.

❶ 중소기업 급식관리, 복지관리, 인사관리 등 통합 프로그램 제공

❷ 식단 검색 및 기업체 맞춤 메뉴 반영 제공

❸ 국내, 해외 중소기업 급식관리 벤치마킹 탐방 여행상품 제공

❹ 프로그램 홍보를 위해 이들이 즐겨 보는 신문 TV에 광고 게재

❺ 이용하는 매체 신문/잡지/라디오/텔레비전에 광고 게재

❻ '중소기업 저널'에 글을 기고/그들이 즐겨 볼 수 있는 책을 출판함

❼ '중소기업 팀장급 뉴스그룹, 체육대회, 동호회, 모임의 후원자'가 됨

❽ '중소기업 팀장급 연합'에서 제공받은 주소록, 이메일, 팩스 등의 정보를 이용해서 광고용 우편물 발송.

❾ 지역, 국가, 전 세계 전역에서 거의 모든 중소기업 팀장급들에게 프로그램을 소개.

❿ 통합 정보 시스템을 무료로 제공해주고 시급 1만 원 이상을 만드는 무료 강의를 시작함.

⓫ 자주 참가하는 지역 이벤트와 모임과 강연회를 후원함.

⓬ 법인영업팀 전략적 파트너를 찾음.

⓭ 수많은 중소기업 팀 급식 관리자들의 신청서를 DB로 차곡차곡 누적함.

⓮ 수천 명의 중소기업 급식 관리자들 정보를 갖고, 고객사 특성에 맞춰 그들에게 독특한 가치를 지닌 구성 요소 제공 가능해짐.

예를 들어–급식설비/급식메뉴/비디오/책/급식 시장자료/중소 기업 자료 등에 관한 이메일과 인쇄물을 오로지 '20인 이상 중소 기업 급식관리 팀장급 실무자'들이 즐겨 볼 수 있게 만듦.

⓯ 중소기업 팀장급 실무자 고객의 주소록/팩스/메일주소를 확보하여 고객

DB에 입력하고, 중소기업 실무자 고객이 자주 이용하는 웹사이트/뉴스/대화방을 파악하여 그곳에 홍보. 언제든 고객 응대 센터를 가동하여 접촉하고 대응해줌.

우리는 폭발적인 반응으로 대 성공을 거두었다. 이제 '20인 이상 중소기업 급식관리 팀장급 실무자'들과 군건한 관계를 맺고, 마음속을 파고드는 데 성공했다. 이제 중소기업 관리자 협회의 명예회원 자격까지 얻을 예정이다. 그리고 그 유형의 고객과 장기적이고 긴밀한 관계를 유지하고 있다.

❶ 거래에 감사하고 있음을 특식으로, 또는 명세서 등으로 기간 내 꾸준히 표현함.

❷ 정기적으로 고객들과 설문조사 및 의견 교환을 바탕으로 목표를 수정하거나 보완 및 행동함.

❸고객사 하나하나를 개별적 존재로 대우함.

❹ 고객사 급식관리 실무자에게 흥미를 끌 만한 새로운 가치를 지닌 것들을 제공함.

❺ 장기 고객사들에게 보답함.

❻ 고객사 사생활 보장, 후식을 보장함.

❼ 고객에게 먼저 바라기 전에 고객이 바라는 가치 있는 것을 제공함.

❽ 칼자루는 우리가 아닌 고객사임을 인식함.

결론은, 상품과 서비스에 대한 기술력이 아니다. 선택한 고객과 장기적이고 좋은 관계를 배양하는 것이 기술력이다. 통합프로그램 DB는 고객에 대해 모든 것이 들어 있는 회사의 뇌이자 집단기억이다. 고객사와 쉽고 편안하게 의견을 나눌수록 고객과의 관계가 좋아진다. DB에 더 많이 기록하고 맞춰질수록 고객들과 좋은 관계가 유지된다.

이것이 매출을 최대로 만드는 강력한 마케팅 기법이다. 즉 매출 최대 원칙의 결론은 주먹구구식, 단기간, 지금까지의 전략이 아닌, 장기적이고 지속 가능한 전략적 원칙을 활용해 매출을 확장하는 기본 틀임을 알아야 한다. 이제 더 이상 아마추어식 전단지 현수막에 의존하지 말고, 지금까지와는 다른 신세계를 경험해 보라.

위의 7단계로 매출이 무한히 확장된다면 또 다른 유형의 1가지 고객을 위해 1단계부터 돌아가라. 그러면 어느 순간 조직은 무한하게 확장된다. 보다 자세한 예시는 부록에서 이야기를 하겠다. 대부분의 우리나라 경영자들은 이러한 노하우 공개를 꺼린다.

그들은 자신만의 성공 노하우를 하나씩 기록할 시간도 부족하고, 자신의 조직 외의 다른 조직에 신경 쓸 여유가 없다. 또한 자신만의 노하우이기에 공유하거나 공개하고 싶어 하지도 않는다.

왜냐하면 더 많은 경쟁자가 나타나고 그들의 경쟁이 심화될 것이라고 생각하기 때문이다. 더군다나 조직의 고유 노하우로 폐쇄적인 경영을 하는 것이 우리나라 경영자들의 특징이다. 가까운 일본만 해도 문화가 다르다. 그들은 효율적인 경영 노하우들을 마이크로코칭하는 것으로 유명하다. 디테일하게 경영을 기록하고 매뉴얼화해 코치하고 교육하는 모임도 활성화되어 있다. 더 나아가 독일과 미국 같은 경우는 이러한 노하우를 시스템으로 제도화하여 실패해도 재도전할 기회가 무한하다.

그런데 유독 우리나라 중소기업 소상공인들의 조직은 폐업률이 높고, 불안하게 연명한다. 대부분 작은 조직들은 정부와 구성원들에게 존경받기는커녕, 초기 10년 내 90%가 폐업과 빚더미 또는 실패의 길로 접어든다.

이런 열악한 초기 조직과 구성원들에게 보다 올바른 방법을 알려준다면 10년, 아니 100년 이상도 유지될 조직들이 많이 나올 것이다. 왜 최고 경영자만 3대 세습을 하는가? 모든 임직원들도 3대 세습이 가능하고 다니고 싶은 일터를 만들면 되는데 말이다.

그러기 위해서는 앞서 언급한 대로, 단순히 자신의 입장만 생각하고 물고기 주는 식의 노·사·정의 기존 틀을 버려야 한다. 그리고 하나의 팀, 통일된 방향, 같은 생각과 방법으로 나아가야만 한다.

팀 지출 최소를 위한 7원칙

1. 약속의 원칙

지출 약속을 이행하는 것은 지출 최소를 위한 뿌리이자, 모든 신뢰와 신용 관리의 핵심이다. 무슨 일이 있어도 함부로 약속하지 말고, 한 번 한 약속은 반드시 지키는 연습을 하라.

2. 체크 리스트 원칙

나간 지출을 기록하려 하지 말고, 미리 나갈 지출 리스트를 먼저 만들어 붙이고 체크하라. 이렇게 모든 지출 체크 리스트를 만들어 잘 보이게 하고, 반드시 정기적이고 규칙적으로 집행하고 개선하라.

3. 1:1 대응 원칙

세금계산서(현금영수증) : 돈 : 상품은 항상 동시에 같이 처리해야 한다. 즉, 세금계산서 or 현금영수증 수취 후 상대에게 입금하면 누락을 줄일 수 있고, 사업자 카드로 1:1 대응 원칙을 철저히 지킬 수 있다.

4. 지출 보고 원칙

모든 지출은 1원 한 장이라도 그 조직의 최종 리더에게 보고 후 처리해야 한다. 리더가 수많은 지출항목을 알지 못하거나, 절약과 통제 혹은 자원을 순환하지 않으면 지출은 끊임없이 늘어난다.

5. 혁신 매입 원칙

원가절감을 위해 전국, 전 세계를 돌아다녀서라도 끊임없이 최고 품질 최저가의 매입 거래처를 발굴하고 보물지도를 만들어라. 한 달에 한 곳 이상의 원산지를 여행하듯 찾아가라. 1년이 지나면 10여 개의 핵심 협력 업체가 생길 것이다. 이것이 지출 최소의 핵심이다.

6. 복수 거래 원칙

고정비는 첫 계약 전 복수 거래처를 비교하여 반드시 줄여야 하고, 변동비는 평소 복수 거래처를 만들어서 선의의 경쟁을 시켜야 한다. 우리 또한 동종업체들과 늘 선의의 경쟁을 하며 발전한다.

7. 중복 체크 원칙

시급 경영의 관리회계와 재무회계를 중복으로 체크하며 서로 일치시킨다. 그러려면 오로지 1가지 플랫폼으로 프로그램을 통합 구축해야 한다. 이 시스템의 특징은 팀원 누구나 투명하게 이용하고 판단하여 실수 없이 중복 체크할 수 있어야 한다.

매출이 아무리 많아도, 지출이 더 많을 경우에는 빚을 지며 결국 문을 닫아야 한다. 함께 시급을 높이고 이익을 남기려면 반드시 지출을 최소로 해야 한다. 이와 같이 7가지 원칙으로 지출을 최소화한다면 자연스레 이익이 남는 구조로 선순환된다.

나는 지출 7원칙을 몸에 익히기까지 10년을 보내며 끊임없는 시행착오를 반복했다. 이제 10년의 시간을 단축시켜줄 지출 최소 원칙을 하나하나 파헤쳐보자.

---

1. 약속의 원칙

지출 약속을 이행하는 것은 지출 최소를 위한 뿌리이자, 모든 신뢰와 신용 관리의 핵심이다. 무슨 일이 있어도 함부로 약속하지 말고, 한 번 한 약속은 반드시 지키는 연습을 하라.

어떠한 약속이든 쉽게 어기거나 지키지 않는 것은 실패의 지름길이다. 더군다나 돈을 지급하는 지출 약속을 이행한다는 것은 지출 최

소를 위한 뿌리이자, 모든 신뢰와 신용 관리의 핵심이다. 무슨 일이 있어도 함부로 약속하지 말고, 한 번 한 약속은 반드시 지키는 연습을 하라.

최소 10년은 연습을 해야 성향이 바뀐다. 나는 약속을 지키기 위해 무려 10년간 연습을 거듭했다. 그러다 보니 약속을 잘 못 지키는 사람의 다양한 성향을 알아볼 수 있었다.

상대에게 좀 더 잘 보이기 위해 거절을 못하거나 마음이 약한 사람, 욕심과 열정이 많아 다양한 약속을 무리하게 잡고 결국 지킬 수 없는 상황을 만드는 사람, 약속 자체를 자주 잊거나 실제로 약속을 메모한 용지도 잊어버리는 사람, 스스로 모든 것을 다 해야 직성이 풀리거나 본인이 만능인 것처럼 자기 과신이 높은 사람, 이런 사람들은 약속을 잘 지키지 못한다. 나 또한 이러한 성향 대부분을 갖고 있었다. 이런 성향은 장점도 많지만, 가장 큰 단점은 다름 아닌 약속의 실천이 어렵다는 점이다.

약속을 한두 번 이행하지 못하면 내부 고객(임직원)이든 협력사든 외부 고객(고객사)이든 실망을 안고 하나둘 떠나고 만다.

우리의 열악한 조직과 환경을 아무리 이해해달라 설득해보아도 실망하고 신뢰를 잃어버린다. 약속 중 가장 큰 약속은 다름 아닌 돈 약속이다.

만남에 대한 시간 약속은 상대의 신뢰가 깨질 수 있지만, 돈에 대한 약속은 상대의 원망을 넘어 법적인 분쟁까지 가는 게 수순이다. 나는 약속 이행에 대한 성향을 고치는 데 무려 10년이란 세월이 걸렸다.

10년간 깨달은 것은 다름 아닌, 약속을 안 하는 것밖에 다른 방법이 없었다. 늘 적자에 허덕이며 자금 사정이 원활하지 않았기에 약속을 미루거나 지키지 못할 때가 많았다. 또한 카톡이나, 문자, SNS 등 휘발성으로 하는 약속을 안 하기로 했다.

우리 임직원에게도 이런 약속은 함부로 하지 못하게 했다. 모든 것을 신중하게 기록하고, 최악의 시나리오까지 계획한 후 지급 약속을 했다.

종이나 문서, 핸드폰이나 각종 IT 기기, SNS나 프로그램 등 기록할 다양한 방법을 한 가지로 통일해서 그것을 기준으로 전략적인 약속을 잡았다. 그러자 점차 신뢰와 믿음이 하나둘 쌓여갔다.

약속을 못 지키거나 변경할 상황이라면 미리 정중히 다시 약속을 잡아야만 한다. 과거 유사한 약속을 토대로 미래의 약속은 더욱 여유 있게 잡을 수 있는 경험이 쌓여갔다.

이러한 과정은 성향의 차이를 넘어 혹독한 훈련이 필요했다. 처음부터 약속을 잘 지키는 사람은 없다. 대부분 최소 10년 이상의 세월 속에서 약속의 중요성을 알고 스스로 노력하여 변화할 뿐이다.

작은 조직이라도 그 조직 리더의 약속은 이루 말할 수 없이 중요하다. 지출 최소를 위한 뿌리 격인 약속의 원칙을 만들고 최소 10년을 연습하라. 여유 있게 약속을 잡고 꼭 실천하여 신뢰를 쌓아 보너스를 받아라. 그것은 다름 아닌 '신용'이라는 보너스다!

2. 체크 리스트 원칙

나간 지출을 기록하려 하지 말고 미리 나갈 지출 리스트를 먼저 만들어 붙이고 체크하라. 즉, 모든 지출 체크 리스트를 먼저 만들어 잘 보이는 곳에 붙이고 반드시 정기적이고 규칙적으로 집행하고 개선하라.

지출의 항목들이 예상보다 많다는 것은 경영 후 몇 년이 지나면서 알았다. 평상시 눈에 보이는 원자재비, 인재비, 공과금의 3대 지출 항목의 영수증을 쪼개어보니 적게는 수십 가지부터 많게는 수백 가지 이상으로 지출할 곳이 있었다. 미래의 보이지 않는 지출부터, 지금 바로 지출할 것들이 날이 갈수록 늘어만 갔다.

지금은 흑자처럼 보여도 세금과 퇴직금, 그리고 감가상각까지 빼면 실제로 적자가 되어버렸다.

수년간 보이지 않는 지출 항목에 뒤통수를 맞기도 했다. 보이지 않는 지출 항목까지 체크 리스트를 만들어 지출된 것처럼 운영하는 방법이 최선이었다.

적자가 계속되면 나중에 지급할 비용들을 먼저 빼서 썼고, 결국 악순환의 반복되었다. 처음 시작부터 끊임없이 꼬인 10년간의 악순환을 어떻게 타파해야 할지 늘 막막했다. 지급 예정의 것을 끌어와 먼저 사용하니 손익계산이 부정확했다. 적자의 폭이 커지면 그 부정확한 손익은 혼란스런 지표로 나를 괴롭혔다. 이 정도 수준까지 되면 재무적 암세포가 온몸에 퍼져서 헤어 나오지 못한다.

방법은 단 하나, 다시 시작하는 것이다! 주먹구구식 개인 사업을 10년 만에 접고 법인 사업을 시작했다.

지금까지의 만성 적자와 빚을 파악하여 분리하고 법인사업으로 새 출발한 것이다. 법인 사업이라고 해서 별다른 것은 아니었다.

모든 것이 투명해지고 법적 근거 안에 법으로서 인정하는 하나의 인격체가 되는 것뿐이었다. 과거의 모든 복잡한 재무상황을 소급해서 수습하기에는 많은 시간과 비용이 들어갔다. 그래서 법인 사업체 하나에 모든 것을 집중하여 처음부터 다시 시작한 것이다.

모든 용어를 긍정과 공통의 용어로 통일하고, 통장을 4개로 나누어 투명하게 공개하며, 약속을 지키기 위해 체크 리스트를 만들었다. 과거 모든 빚과 채무는 법인에서 더 이상 가져가지 않도록 과감하게 끊었다.

과거 채무의 끊임없는 압박 속에서 새로운 약속을 하고 지켜야만 했다. 모든 협력 업체 사장들에게 공문을 보냈다.

친애하는 협력 업체 사장님들께!

저희는 ○○년 ○○월 ○○일부로 새롭게 법인사업으로 출발합니다.

○○○ 주식회사로 새 출발합니다. 아직 많이 부족하지만, 개인사업의 잃어버린 신뢰를 되찾고, 법인으로 더욱 힘차게 나아가기 위함입니다. 지금까지 약속들을 지키지 못한 모든 협력 업체 사장님들께 진심으로 사과드리며, 앞으로의 법인사업은 지금까지 개인사업과는 별

도로 운영하여 매달 제 날짜에 맞게 신뢰를 쌓아가도록 하겠습니다. 혹시라도 과거에 지급받지 못한 부분이 있다면 반드시 하나씩 갚아가도록 노력하겠습니다. "익월 OO일은 협력 업체 지급일"로서 반드시 지급일에 맞게 지급할 수 있도록 하겠습니다. 모든 협력 업체 체크 리스트를 만들어 누락되지 않도록 하겠습니다. 앞으로 전국적인, 세계적인 좋은 회사를 위한 첫발이니만큼 지금처럼 서로 돕고 협력해주신다면 진심으로 감사하겠습니다.

그리고 한 달치의 운영자금을 통장에 미리 넣어 놓고 약속 이행을 시작했다. 하루하루 매출을 수금하기 바쁘던 급박한 상황이 아닌, 한 달치 운영자금을 미리 만들어 체크 리스트에 맞춰 지급하며 신뢰를 쌓아갔다.

한 달치 운영자금은 법인 창업으로 한 달치 운영자금을 빌릴 수 있었다. 이를 빌리지 못하면 무슨 일이 있어도 악착같이 만들어야 한다. 대표 월급을 안 받더라도 반드시 한 달치 운영자금을 매월 1일에 넣어놓고 시작해야 한다. 그리고 아래와 같이 체크 리스트를 만들어서 제일 잘 보이는 곳에 붙여놓았다.

이 체크 리스트는 경영자 혹은 리더 몇몇만 알 게 아니라 전 임직원이 투명하게 알아야 한다. 결국 모든 지출 계정들을 오픈하고 전달 대비 지출 최소를 위해 노력해야 한다.

지금 당장 보이는 지출 항목부터 몇 개월 뒤 나타나는 세금뿐 아니라 몇 년 뒤 나타나는 퇴직금과 감가상각 항목까지 단돈 1원이라도

〈지출 최소를 위한 체크 리스트〉

	업체명	업체 담당자 번호	업체 계좌 번호	거래일	집행일	매입 금액	집행 금액	총합 (미지급금)	세금 계산서 수 취일	집행 예정일
원자재										
공과금										
전력비										
4대보험										
통신비										
정기결제										
임차료										
보험										
주유비										
비품										
소모품										
수수료										
대출										
운반비										
퇴직금										
감가상각										
세금										
기타										
인재비 / 시간통장										

나가는 항목은 모조리 집어넣어야 한다.

그래야 착오 없이 지출을 파악할 수 있고, 지출을 최소화할 수 있다. 매월 지급 날짜에 맞춰서 증빙자료를 청구하며 지급 날짜에 정확히 입금해 주기 시작했다. 서로 간의 신뢰를 쌓는 데는 몇 개월이 채 걸리지 않았다.

지금까지의 채무를 떠나 매달 제때에 지급 약속을 지키는 것은 신뢰를 쌓는 지름길이다.

지급 날짜를 매월 10일, 15일, 30일 정기적이고 고정적으로 통합하며 개선해 나갔다. 업무를 단순화시켜 재무 담당자가 갑작스레 그만두더라도, 누구든 지급 약속만큼은 지키도록 만들어갔다.

'지급 약속을 지키지 못하는 사람은 경영을 할 자격이 없다'라는 말은 틀렸다. 나는 이러한 약속을 못 지킨 이력이 무려 10년이나 된다. 그만큼 지급 약속 이행이 어렵다는 것이다. 대부분 중소기업 소상공인들은 이러한 체크 리스트 방법도 모른 채 경영하고 있는 게 현실이다. 모든 지출 항목을 체크 리스트로 만들어서 잘 보이는 곳에 붙이고 지출을 줄일 수 있도록 고민해야 한다.

출근하면 체크 리스트가 한눈에 보여야 한다. 지출을 최소화하기 위해서 가장 먼저 할 일은 체크 리스트를 만들어 공개적으로 붙이는 것이다. 그리하면 자연스레 고민하고 함께 지출을 줄여갈 수 있다.

3. 1:1 대응 원칙

세금계산서(현금영수증) : 돈 : 상품은 항상 동시에 같이 처리해야 한다. 즉, 세금계산서 or 현금영수증 수취 후 상대에게 입금하면 누락을 줄일 수 있고, 사업자 카드로 1:1 대응원칙을 철저히 지킬 수 있다.

체크 리스트 항목을 보면, 세금계산서(현금영수증) : 지급할 돈 : 상품은 항상 동시에 같이 처리해야 한다. 물건만 받고 나중에 돈을 지불하거나, 돈은 지불했는데 세금계산서를 나중에 받기 시작하면 머지않아 증빙자료의 행방을 몰라 미지급, 미수금, 세금 대란이 온다.

심하면 서류상으로 이익이 남지만 실제로는 부도가 나는 흑자형 부도 사태도 발생할 수 있다.

1:1 대응을 실천하지 못하면 돌이킬 수 없는 늪에 빠진다. 가장 손쉬운 방법은 사업자 카드를 만들어 오로지 그것만 이용하는 것이다.

우리나라에서는 아직 돈을 먼저 주고받고, 익월 10일 내 (세금)계산서 처리하는 문화가 자리 잡고 있기 때문에 세금계산서나 현금영수증을 먼저 받은 후 입금하는 것은 말처럼 쉽지 않다. 사업자 카드를 사용하면 3만 원 이하의 소액 종이 영수증 자체를 없앨 수 있고, 내역도 빠르게 조회 가능하여 지출항목을 관리할 수 있다.

이렇게 사업자 카드라는 아주 쉽고 간단한 방법이 있지만, 현장에서는 부득이하게 현금을 쓸 수밖에 없는 상황이 온다. 현금을 주고받는 경우 반드시 사업자 통장으로 주고받아야 하고 세금계산서=물건=

돈을 반드시 1:1 대응하여 누락되지 않게 그때그때 처리해야 한다. 이 원칙을 활용한 체크 리스트를 만들면 정기적이고 규칙적으로 관리가 가능하여 통합 프로그램에서 손쉽게 점검할 수 있다.

> ### 4. 지출 보고 원칙
>
> 모든 지출은 1원 한 장이라도 그 조직의 최종 리더에게 보고 후 처리해야 한다. 리더가 수많은 지출 항목을 알지 못하거나, 절약과 통제 혹은 자원을 순환하지 않으면 지출은 끊임없이 늘어난다.

모든 지출은 단돈 1원이라도 체크 리스트를 만들어야 하고, 최종 집행 시 조직의 최종 리더에게 보고 후 처리해야 한다. 먼저 보고를 못하면 나중에라도 반드시 보고해야 한다.

지출 최소의 원칙은 약속의 원칙과 체크 리스트 원칙 그리고 1:1 대응 원칙을 준수하며, 최종 집행 전 리더가 다시 한 번 판단하여 최소화할 수 있는지가 핵심이다.

리더가 모르는 지출 항목이 있다면 그 리더는 담당자에게 반드시 물어봐야 하고 최소화할 방법을 연구해야 한다. 지출의 특징은 끊임없이 늘어나거나 순식간에 새어나가기 때문에 서로 소통하여 점검하자는 긍정적 의미다.

평소 1,000원에 구매할 것을 경험 없는 리더는 2,000원에 구매하는 식이 되거나, 옆의 팀에 있었던 자원을 잠시 빌리면 되는 것을, 다른 팀에서 또 구매하는 식이 된다. 나는 1원 한 장도 지출하기 전 최종 보고하는 원칙을 만들었다. 이것이 지출 보고 원칙이다. 그 이후 리더들에게 하나둘씩 노하우를 알리고 습관화하여 서로 배워가기 시작했다. 단돈 1원이라도 서로 보고하면 최소화할 수 있는 방법을 찾을 수 있다.

또한 보고 과정에서 한 번이라도 더 소통하게 된다. 이런 습관이 어느 정도 잡힌 리더는 ○○원 이하의 자체 결제권을 만들어도 되고, 더 큰 금액 또한 스스로 결정하도록 만들면 된다.

우리는 지출 최소가 습관화되지 않은 리더에게 ○○원 이하의 자체 결제권을 주어 결국 많은 부채가 쌓이는 것을 경험했다. 티끌 모아 태산이라고 작은 지출 금액에 권한을 주니 새어나가는 돈이 끊임없이 늘어났다. 누구든 리더의 현명한 코치로 한 번 더 검토하고 고민해야만이 작지만 강한 회사를 만들 수 있다.

---

5. 혁신 매입 원칙

원가절감을 위해 전국, 전 세계를 돌아다녀서라도 끊임없이 최고 품질 최저가의 매입 거래처를 발굴하고 보물지도를 만들어라. 한 달에 한 곳 이상의 원산지를 여행하듯 찾아가라. 1년이 지나면 10여 개의 핵심 협력 업체가 생길 것이다. 이것이 지출 최소의 핵심이다.

지출 최소를 위해 한 달에 1번 이상 새로운 매입처를 발굴해야만 한다. 원가 절감을 위해 더 나은 방법과 시스템으로 저렴하고 품질 좋

은 거래처들을 찾아 나서야만 한다. 우리는 10년간 경영하면서 두 부류의 협력 업체를 보았다.

첫 번째 우리 조직이 끊임없이 변화하고 성장하는 것처럼 협력 업체도 함께 발전하는 조직이 있었는데, 그들은 지금도 계속해서 우리와 함께 발전해나가고 있다.

두 번째 조직은 변화하지 않고 늘 같은 방법과 같은 시스템으로 고객 니즈를 파악하지 않고 머무는 협력 업체가 있다. 그들은 결국 우리와 다른 길을 갔고 새로운 거래처로 걸음을 돌리게 만들었다.

우리는 더 나은 협력 업체를 찾기 위해, 전국적으로 보물 찾기란 명칭을 달고 돌아다녔다. 전국, 전 세계를 돌아다니면서 끊임없이 최고 품질 최저가 매입 거래처를 찾는 게 지출 최소와 이익이 남는 선순환 구조임을 알았다.

---

6. 복수거래 원칙

고정비는 첫 계약 전 복수거래처를 비교하여 반드시 줄여야 하고, 변동비는 평소 복수거래처를 만들어서 선의의 경쟁을 시켜야 한다. 우리 또한 동종업체들과 늘 선의의 경쟁을 한다.

어떤 이들은 고정비는 줄일 수 없다고 말하지만 우리는 고정비, 변동비 모두 줄일 수 있는 원칙을 만들었다. 생각을 달리 하면 답이 보인다.

즉, 고정비는 첫 계약 전 복수 거래처를 반드시 비교해 처음부터 줄이면 되고, 변동비는 실시간 복수 거래처를 만들어 서로 선의의 경쟁을 시킨다. 동종업체들과 선의 경쟁으로 긍정의 비교를 당하며 발전을 해야만 살아남을 수 있다.

구체적으로 말하면, 임대료의 고정비, 금융이자의 고정비 등 매달 변함없이 나가는 고정비를 임대 장소를 비교 선택하여 첫 계약 시 줄일 수 있고, 금융이자 또한 은행 이율을 서로 비교하여 첫 계약을 하면 된다. 이렇듯 고정비는 첫 계약이 중요하다. 고정비를 줄일 수 없다고 여기는 순간 지출은 끊임없이 늘어난다.

매달 정기적으로 나가는 관리 계약을 신중하게 선택하여 절약하자. 변동비는 매일 복수 거래처를 확보해 비교하고 노력해야 줄일 수 있다. 복수 거래처가 없으면 일방적으로 끌려갈 수 있다.

우리 또한 늘 선의의 경쟁 업체들과 비교당하며 더 나은 서비스와 상품을 제공하기 위해 노력한다.

---

7. 중복 체크 원칙

시급 경영의 관리회계와 재무회계를 중복으로 체크하며 서로 일치시킨다. 그러려면 오로지 1가지 플랫폼으로 프로그램을 통합 구축한다. 이 시스템의 특징은 팀원 누구나 투명하게 이용하고 판단하여 실수 없이 중복 체크할 수 있어야 한다.

시급 경영의 관리 회계와 재무 회계를 빈틈없이 중복 체크하고 일치시켜야 한다. 그래야 법 테두리 안에서 합법적 경영이 가능하고, 더

나은 관리 시스템을 개발할 수 있다. 한 가지 통합 플랫폼에서 2개 이상 시스템이 가동되어 서로 더블 체크하는 것은 2명 이상의 사람이 이중 체크하는 역할과 같다.

한 개의 시스템이 고장 나거나, 담당자가 한 사람일 때의 실수는 누구나 겪어봤을 것이다. 이 단점을 최소화할 유일한 방법은 중복 체크 시스템이다.

여기서 핵심은 2개의 다른 프로그램을 이용하는 것이 아니라, 1개의 프로그램 내에서 중복 체크할 수 있도록 만들어야 한다. 그렇지 않으면 2개 이상 프로그램 관리가 더 복잡해지기 때문이다. 즉, 시급 경영을 위한 관리회계 시스템과 재무 회계 시스템을 함께 적용하여 중복 체크를 하자.

핵심은 위의 7가지 원칙을 토대로 팀별 지출을 반드시 최소로 줄여 나가야 한다. 통상적인 원가 비율, 동종업종의 이익 비율을 생각하고 '나 또한 이 정도면 되겠지' 라고 처음부터 생각해서는 안 된다.

이달의 지출 목표를 설정해 끊임없이 줄여보자. 인간의 능력은 무한하다. 지출은 과거의 고정관념을 없애고 혁신적인 방법으로 최소화하는 것만이 답이다.

최소 시간으로 최대 성과를 창출하는 것은 이 세상 그 어떤 경영 방법 중 단연 최고의 방법이다. 시간통장은 사장을 포함한 임직원의 급여를 주는 통장이니만큼 보호해야 하며 동시에 가장 최소화하는 것이 답이다.

시간 최소를 위한 7원칙

1. 시간 보호의 원칙

시간을 최소로 줄이기 위한 전제 조건은 시간통장을 탄탄하게 보호하는 것이다. 즉, 사장을 포함한 임직원의 급여통장은 반드시 0순위로 보호하여 항상 제때에 지급할 수 있어야 한다.

2. 시간 기록의 원칙

조직 내 모든 시간 기록 방법을 1가지로 통일하라. 노트/수첩/종이/플래너/다이어리/노트북/스마트폰/파일/폴더/프로그램/지문인식 등 다양한 방법 중 최고의 방법 1가지를 선정하고 통일하여 누구나 쉽게 기록하고 공유해야 한다.

3. 시간 교육의 원칙

최소 시간으로 최대 성과를 창출하려면 인재 교육 프로그램이 가동되어야 한다. 아무리 좋은 시스템과 플랫폼이 있더라도 그것을 잘 활용하고 실천하기에는 끊임없는 교육과 훈련이 필요하다.

4. 시간 자동화 원칙

인간의 창조적 사고가 필요하지 않은 단순 반복적 업무를 찾아서 자동화를 만들어라. 이것이 시간 최소 원칙의 핵심이다. 많은 비용의 자동화 로봇이 아니더라도 단순한 시스템 변경과 플랫폼만으로도 얼마든지 자동화시스템을 구축할 수 있다.

5. 시간 참여의 원칙

위에서 시키는 식의 수동적 시간 최소가 아닌, 개개인의 의견과 아이디어가 능동적으로 반영되는 시간 최소여야 한다. 그러기 위해서는 함께 소통할 자리와 시간을 활용하도록 만들어 참여시켜야 한다.

6. 시간 리더의 원칙

솔선 수범할 리더가 있지 않으면 그 누구도 경영 원칙들을 유지할수 없다. 그 조직의 리더를 최소 2명 이상 선발해 팀원들이 리더를 보고, 듣고, 따라 할 수 있도록 만들어야 한다.

7. 시간 평가의 원칙

인생은 평가의 연속이다. 모든 것은 평가를 통해 반성하고 개선되어 더 나은 미래를 설계한다. 즉 시간 평가의 원칙이란, 스스로의 시간을 객관적으로 평가받고 더 나은 시간 활동을 위해 노력함을 말한다.

---

1. 시간 보호 원칙

시간을 최소로 줄이기 위한 전제 조건은 시간 통장을 탄탄하게 보호하는것이다. 즉, 사장을 포함한 임직원의 급여 통장은 반드시 0순위로 보호하여 항상 제때에 지급할 수 있어야 한다.

경영 10년이면 안정적인 회사를 운영하겠지 주변인들은 말했지만, 나는 늘 속앓이를 했다. 우리 조직은 10년이 넘어도 몇몇 팀들의 이직률이 매우 높았다. 매출이 늘어나는 만큼 끊임없이 인적 충원을 필요로 했다. 즉, 매출이 늘어난 만큼 팀 시간도 계속해서 정비례로 늘어났으며, 경영 상황은 늘 악순환이었다. 팀 시간을 최소화시키며 이익을만들어 내야 했지만, 임직원 수가 회사의 자랑거리처럼 "저희 직원은

○○명이에요"라는 무책임한 소문만 무성했다.

우리는 아마추어식 경영으로 적자만 쌓여갔고 급여일을 제때 맞추지 못했다. 직원들은 하루이틀이라도 급여가 지연되면 스스로 불안정한 회사로 판단하여 자연스레 이직을 했다. 직원들이 나를 조금이라도 헤아려주겠지 생각했지만 그건 착각이었다. 자신의 급여가 며칠 지연되거나 들어오지 않으면 사직서를 쓰거나 고용노동부에 진정을 내는 것이 자연스런 현상이 되었다.

시간통장인 급여통장을 탄탄하게 보호하지 않아 급여를 제때에 지급하지 않으면 임직원들은 하나둘 떠나기 시작한다. 내 주변에 사람이 모이느냐 떠나느냐는 이 시간통장을 얼마나 탄탄하게 보호하느냐에 답이 있다. 그리고 탄탄한 시간통장을 기초로 시간을 최소화하여야 한다. 사장을 포함한 팀별 총 시간을 최소로 줄여야 한다.

같은 매출, 같은 지출이 발생했을 때, 팀 총 시간 20시간에 일했던 것을, 10시간 만에 끝낸다면 생산성이 2배로 올라간다. 즉, 팀 총 시간을 줄여야 시급이 올라가고, 시간당 생산성과 더불어 시간당 채산 또한 올라간다.

하지만 팀 총 시간을 줄이려고 무작정 감원하거나 팀 자체를 없애면 어떤 현상이 일어날까? 그 조직의 기본적 안정성이 없어진다. 팀원이 여유 있게 성과를 낼 수 있는 티오를 유지시키고, 사장의 일하는 시간 또한 조직의 총 시간 안에 포함시켜서 함께 월급을 받아가야 한다.

임직원들이 즐겁고 행복하게 일할 수 있는 최소한의 시간을 반드시 보호해야 한다. 즉, 사장을 포함한 임직원이 일하는 시간과 그에 따른 급여, 일자리만큼은 탄탄하게 보호하라. 그 보호 안에서 총 시간을 최소화하는 것이 시간 보호 핵심 원칙이다.

최근 우리는 조직 개편으로 인하여 한 팀의 시간을 최소화하고자 팀을 통폐합한 적이 있다. "팀이 통폐합되니, 다른 일자리를 알아봐 주세요"라는 무책임한 말 대신 "팀이 통폐합되니, 회사에서는 여러분의 일자리를 보호하기 위해 다른 팀의 보직 변경과 더불어 새로운 조직으로의 이직을 여러분과 함께 연구할 것입니다"라고 말했다.

통폐합 대상 10명의 팀원이 순식간에 일자리가 없어지지 않게 다른 팀의 부족한 티오를 연결해주고 신규 팀을 창설해 그들이 잘할 수 있는 보직을 만들어주었다. 이렇게 일자리 시간을 보호하는 것이 리더의 책임이자 의무이다.

결국 10명의 조직원 중 회사를 떠난 사람도 있었지만, 다른 팀에서 잘 적응하여 지금도 함께하는 인재도 있다. 또한 시간 보호 원칙 중 사장의 인재비(인건비)도 정해서 함께 보호해보자. 사장이 일하는 시간을 팀 총 시간에 포함시켜 직원과 똑같이 급여를 받는 것이다.

손익계산 후 남는 것을 사장이 가져가는 방식이 아니라 인재비(인건비)를 정할 때는 반드시 사장의 인재비도 함께 넣어서 경영해보자. 즉, 경영자 또한 당당하게 급여를 정하여 받고 그것을 임직원 인재비와 함께 포함시킨다. 사장 또한 임직원과 함께 임금을 정하여 보호받고 일하면 지금까지와 다르게 진정한 경영이 시작될 것이다.

> ## 2. 시간 기록의 원칙
>
> 조직 내 모든 시간 기록 방법을 1가지로 통일하라.
> 노트/수첩/종이/플래너/다이어리/노트북/스마트폰/파일/폴더/프로그램/
> 지문인식 등 다양한 방법 중 최고의 방법 1가지를 선정하고 통일하여 누구
> 나 쉽게 기록하고 공유해야 한다.

모든 것은 시간을 기록함으로써 가능하다. 시간을 기록하는 순간 인생은 마법처럼 변한다. 기록만 하더라도 더 나은 시간 관리를 스스로 만들어가기 때문이다. 머릿속으로만 시간을 체크하지 말고 반드시 다양한 방법을 통해 기록해보고 그중 하나의 플랫폼을 선택하고 기록해 그 시간을 분석 및 최소화한다. 시간을 견적화, 기록화하여 모든 경영을 한눈에 보는 시스템을 구축하라. 돈을 다루는 자보다 시간을 다루는 자가 성공하기 마련이다.

> ## 3. 시간 교육의 원칙
>
> 최소 시간으로 최대 성과를 창출하려면 인재 교육 프로그램이 가동되어야 한다. 아무리 좋은 시스템과 플랫폼이 있더라도 그것을 잘 활용하고 실천하기에는 끊임없는 교육과 훈련이 필요하다.

반드시 입사 첫날에 출근과 퇴근, 휴게 시간, 자유 시간, 교육 일정 등의 기본적인 시간 관리와 교육지침을 알리고 계약해야 한다. 입사 첫날에 명확한 교육이나 지침을 내리지 않으면 모호한 근무 상황과

더불어 직원들의 불만이 생길 수 있다. 이렇게 최소 시간으로 최대 성과를 창출하려면 인재 교육 프로그램을 가동해야 한다. 아무리 좋은 시스템과 플랫폼이라도 그것을 제대로 활용하고 움직이려면 끊임없는 교육과 훈련이 필요하기 때문이다.

시간 교육의 원칙이란 첫날/일일/주간/월간/분기/반기/연별 등 인재 개발을 위한 교육 시스템을 구축해 나가는 것을 말한다.

일하는 시간과 더불어 더 나은 일을 위해 휴게 및 교육 시간을 확보해야 한다. 그래야 지속 가능하게 일하는 시스템이 완성된다. 오래 일하고 많이 받는 급여는 결국 체력적으로 버티지 못할 뿐 아니라 스트레스와 갈등의 비용이 더욱 높아질 뿐이다.

여기서 핵심은 시간의 최소화를 위해 반드시 인재 양성 교육 시스템을 구축하고 실천하는 것이다.

---

4. 시간 자동화 원칙

인간의 창조적 사고가 필요하지 않은 단순 반복적 업무를 찾아서 자동화해라. 이것이 시간 최소 원칙 핵심이다. 많은 비용의 자동화 로봇이 아니더라도 단순한 시스템 변경과 플랫폼만으로도 얼마든지 자동화시스템을 구축할 수 있다.

자동화, 전산화, 시스템화하여 시간을 최소화하는 것을 4차산업 시스템이라 말한다. 사람의 시간은 유한하나 자동화된 시스템과 기계의 시간은 무한하다. 단순한 업무나 반복되는 업무 또는 사람의 창조

성이 결여된 부분은 하드웨어(기계)나 소프트웨어(프로그램)를 활용한 자동화시스템을 만들어야 한다. 그리고 사고력과 창조성이 필요하고 고객과 관계 중심, 심리적인 업무는 사람이 하도록 만들어야 한다.

우리 또한 주문, 세척, 포장, 정산 등의 업무는 자동화시스템으로 변경하여 구축하기 시작했고 요리처럼 무한하게 레시피를 변경하는 창조적인 업무는 꼭 사람이 맡아서 했다. 특히 우리는 하드웨어의 기계적인 자동화보다, 소프트웨어의 프로그램의 자동화에 더욱 심혈을 기울였다.

매출 연동형 급여시스템, 출퇴근 시간제 급여시스템, 매장별 무인 원격 정산 시스템, 회사의 시급 경영 스마트폰시스템 등 많은 부분을 간단히 입력만 하면 자동으로 계산되고 누구나 볼 수 있게 만들었다. 이것이 시간 자동화의 원칙이다.

이러한 시간 자동화를 하지 않으면 자신이 일하는 시간만 바라보고, 계산하기 바쁜 상황이 온다. 꿈을 바라보며 일에 매진해야 생산성이 높아지고 목표도 달성되지만 시간만 바라보고 서로 다른 입장만을 주장하다 보면 불필요한 시간을 낭비하게 되고, 이것이 현실 시급제의 큰 단점이다. 그래서 대부분 대기업들은 연봉제, 포괄연봉제로 꿈과 목표를 중시하는 시스템으로 개편하고 있다.

하지만 이슈화되는 통상임금을 보면, 꿈과 목표를 위해 연봉화한 부분을 마치 기업들이 일을 더 시키기 위함으로 왜곡되어 안타까울 뿐이다. 대기업도 이러한 현실인데 여건이 열악한 중소기업 소상공인의 임직원들은 시간과 시급에만 목숨 걸고, 정작 중요한 꿈과 목표 그리고 가치들을 잃어버리고 있는 상황은 당연한지도 모르겠다. 그러므로 반드시 시간 자동화의 원칙을 활용하여 불필요한 에너지 낭비와 시간 낭비가 없도록 구축하자.

> ### 5. 시간 참여의 원칙
> 위에서 시키는 식의 수동적 시간 최소가 아닌, 개개인의 의견과 아이디어가 능동적으로 반영되는 시간 최소여야 한다. 그러기 위해서는 함께 소통할 수 있는 자리와 시간을 만들어 참여시켜야 한다.

시간을 관리하고 자기계발을 잘 하는 사람은 전체의 10%도 채 되지 않는다. 나와 같이 평범한 90% 사람들을 위해 조직 내에서 소통의 장을 마련하고 그 시간에 참여시켜 잘 활용하도록 만들어주는 것이 핵심이다. 자신이 속한 조직 내에서 정해진 시간에 그 자리에 의무적으로 참여를 시킨다면 누구나 능동적으로 사고하고 행동할 수 있는 구조가 된다.

예를 들어 조직 내 일하는 일과를 일하는 시간, 휴게 시간, 운동 시간, 자기계발 시간, 식사 시간 등으로 나누어 문화를 만들고 누구나 참여시킨다. 하지만 98%의 중소기업 소상공인 조직은 휴게실이 없거나, 체력단련실, 자기계발실이 대부분 없다. 즐겁고 행복한 문화를 만들고 싶어도 열악한 환경과 시설을 탓한다. 우리는 이러한 공간과 시간을 만들기 위해 문득, 식사 시간을 떠올렸다.

연인이 친해지고 싶으면 함께 식사를 하고, 가족의 화목을 위해서도 함께 식사를 하고, 조상에게 예의를 표하고 싶으면 제사상을 준비하여 함께 식사하듯 식사에 답이 있다고 보았다.

밥을 먹을 수 있는 공간은 어떤 조직이든 대부분 있고, 없더라도 만들 수 있었다. 왜냐하면 식사를 하지 못하면 일할 수 없기 때문이다. 물론 식사 공간도 비좁고 열악하여 외부 식당을 이용해야 하는 상황도 있지만, 대부분 자신의 조직에서 식탁 의자만 놓으면 식사 공간만큼은 간단히 만들 수 있다. 그리고 우리는 이러한 식사 시간을 활용하여 임직원의 생각을 참여시킬 수 있도록 했다.

결과는 놀라웠다. 휴식 및 재충전하는 단순한 식사 시간을 넘어 이제는 서로의 생각을 나누고 교제하여 없어서는 안 될 소중한 시간이 된 것이다.

---

6. 시간 리더의 원칙

솔선수범할 수 있는 리더가 있지 않으면 그 누구도 경영 원칙들을 유지할 수 없다. 그 조직의 리더를 최소 2명 이상 선발해 팀원들이 리더를 보고, 듣고, 따라 할 수 있도록 만들어야 한다.

팀별 소그룹의 경영자 의식을 가진 인재를 육성해야 한다. 리더가 없으면 순식간에 조직이 와해되고 책임 소재가 불분명해진다. 분명한 것은 팀장/부팀장, 부장/차장, 사장/부사장, 대표/이사 등 여러 가지 직책과 직함을 동원해서 조직의 리더는 리더가 자리를 비우거나 없을 때를 대비해 2명 이상 존재해야 한다.

리더가 변화해야 임직원도 같이 변하고, 선생님이 변해야 제자들도 같이 변하고, 부모님이 변화해야 자녀들도 같이 변하듯 윗사람부터 솔선 수범해야 세상이 좀 더 빠르게 변할 수 있다. 아무리 아랫사람이 제안하고 변화한들 윗사람이 변화하지 않는다면 헛수고다. 인재 양성을 위해서 이 책을 읽는 사람부터 리더의 자세로 반드시 변화하고 솔선수범하라.

---

7. 시간 평가의 원칙

인생은 평가의 연속이다. 모든 것은 평가를 통해 반성하고 개선되어 더 나은 미래를 설계한다. 즉 시간 평가의 원칙이란 스스로의 시간을 객관적으로 평가받고 더 나은 시간 활동을 위해 노력함을 말한다.

인생은 늘 평가와 시험의 연속이다. 대학 입시의 평가, 졸업을 위한 평가, 취업을 위한 평가, 그리고 인사고과를 위한 평가 등 경영자들 또한 직원이나 고객에게 평가받고, 수많은 상품들 또한 고객의 평가를 받는다. 이렇게 인생의 모든 것은 평가를 통해 스스로 반성하고 개선하여 더 나아지는 것을 목표로 한다.

즉 시간 평가의 원칙이란 지금까지 모든 단계와 원칙들을 잘 실천하는지 그래서 더 나은 개인과 조직이 되는지를 평가하는 것을 말한다. 초기 우리도 평가에 대해서 많은 고민을 했다. 수많은 평가 방식이 있었지만, 결국 우리는 세 가지 방법으로 단순화했다.

1. 단발성 1회성 : 현장 상황별 일회성 평가

2. 주별/월별/분기/반기/연별 : 정기적 일률적 평가

3. 보이지 않는 누적 노력형 평가

　

우리는 위의 3가지로 단순화하여 특별한 보상 시스템을 연구했다. 첫 번째, 현장 상황별 단발성 1회성의 평가는 대부분 칭찬과 인정, 그리고 간단한 간식으로 평가를 보상해주었다.

이는 비용이 전혀 들어가지 않거나 거의 들어가지 않고, 그들이 칭찬과 인정을 받으면서 조직생활을 할 수 있는 방법이다. 칭찬은 고래도 춤을 추게 만들듯 칭찬과 인정에 대한 저서와 교육은 많기 때문에 선택해서 활용하면 된다. 저비용으로 고효율을 기대할 수 있지만 한국의 조직 문화는 의외로 이 문화에 대해서 인색하다.

두 번째, 정기적 일률적 평가는 우리나라 중소기업 조직 내에서 가장 많이 하는 부분이다. 이는 직급과 직책이 올라간다거나, 시급이나 연봉이 올라가는 형식의 보상이 뒤따른다. 대부분의 임직원들이 원하는 방식이지만 의외로 효과는 오래가지 않는다. 신기하게도 직급과 직책 그리고 돈은 길어야 한두 달이면 무뎌진다. 하지만 이 또한 없어서는 안 될 중요한 평가 방법이고 통상적으로 분기/반기나 연별 평가를 통해서 짧은 효과를 반복적으로 유지하기 위해 정기적이고 공정하고 투명하게 하면 효과가 있다.

마지막으로 누적 노력형 평가다. 우리나라의 모든 조직은 첫 번째, 두 번째 평가 방법에 혈안이 되어 있다.

어떤 이는 근속 연수를 누적 노력형 평가로 생각할 수 있지만, 오래 근무한다고 한들 변화하지 않으면 도태되기 마련이었다.

눈에 보이는 평가 방식이 아닌 보이지 않는 마인드, 태도, 가치관, 성실함, 행동과 자기계발 등을 평가하기 위함이다. 이러한 노력을 보이지 않는 곳에서 인정받도록 시스템화하였다. 이것은 단골 매장의 포인트가 누적되면 선물을 주는 것에서 착안한 것이다.

평소 잘 되지 않거나 이 행동을 집중적으로 습관화시키기 위한 방법으로서 시스템적 요소가 반드시 필요했다. 예를 들어 보이지 않는 곳에서 남몰래 전등을 껐다거나, 다른 직원을 몰래 칭찬했다거나, 독서든 자기계발을 스스로 했다거나, 다양한 제안을 실천한 부분에 대해 보상해주는 시스템이다. 이것을 사진이든, 영상이든, 영수증이든 각종 증빙이 될 만한 자료를 첨부하여 프로그램에 입력하면 자연스레 누적 포인트가 쌓인다.

마치 대학시절 학점을 이수해야 졸업을 하는 형식이다. 기본 포인트를 쌓으면 보상 시스템을 연결해 제공해주었고, 추가적인 포인트를 쌓으면 더 많은 혜택을 부여했다.

여기서 핵심은 공개적으로 자랑하는 식의 SNS 형태가 돼서는 절대 안 된다. 누구나 볼 수 있는 오픈 형태의 평가는 못하는 사람들이 스스로 소외된다고 생각하거나 자칫 서로 간에 시기와 질투가 쌓일 수 있기 때문이다.

요즘 유행하는 SNS 형태의 조직 문화는 단점이 많기 때문에 자신들의 평가 시스템을 구축해야 한다. 즉, 보이지 않는 곳에서도 꾸준히 노력하여 인정받을 수 있도록 해야 한다. 이제 이러한 시스템을 더욱 보완하여 더 많은 조직에게 빠르게 적용할 수 있게 준비하고 있다. 개인과 조직의 보이지 않는 시간까지 평가함으로써 보다 더 나은 중소기업 문화를 구축할 수 있다.

시급 공식 5_이익통장 최대

지금까지 본 바와 같이 시급 공식 7단계 777원칙을 실천하면 자연스레 시급을 최대로 올리고 이익 또한 최대로 만들 수 있다. 다시 말해 매출을 최대로, 지출은 최소로, 시간 또한 최소로 경영하면 시간당 생산성이 올라가고, 시간당 이익과 시급도 모두 올라간다. 결국 시급도 올릴 수 있고, 남은 이익으로 재투자도 가능한 선순환 구조가 되는 것이다. 고객에게 놀라운 가치를 주는 경영이라도 이익이 남지 않는 경영은 오래 존속하지 못한다. 즉, 이익이 남아야 조직은 지속 가능하고, 고객에게 놀라운 가치를 선사할 수 있다.

"이익이 남지 않는 경영은 존재의 가치가 없다"라는 경영의 대가들이 하는 말을 보면 쉽게 알 수 있다. 하지만 이론과 현실과는 상당한 괴리가 존재한다. 그래서 매출을 최대로, 지출을 최소로, 시간을 최소로 하면 이익이 최대로 남는다는 선순환이 아닌, 반대로 이익을 꼭 남길 수 있는 원칙을 지금부터 알려주고자 한다. 이익이 남지 않거나 이익을 남기기 힘든 조직이라면 이 방법부터 이용하면 빠르게 이해할 수 있다.

이익 최대를 위한 7원칙

1. 시급 경영 원칙

이익을 최대로 하려면 시급 공식에 의해, 팀 매출을 최대로 하고 팀 지출을 최소로 줄이며 팀 시간을 최소로 하는 것이 답이다. 즉, 팀별로 독립적 경영사업부로 분리하고, 현실의 속도보다 반 보만 빠르게 변화하며 시급 경영하라.

2. 댐 경영 원칙

경영을 잘 해서 이익을 남기는 게 쉽지 않으면. 반대로 이익을 먼저 떼어 놓고 더욱 악착같이 움직여라. 즉, 이익통장에 미리 댐 역할을 할 수 있는 자금을 정하여 떼어놓고 경영하라.

3. 1030 원칙

최소영업이익은 10% 이상이고 최대영업이익은 30%대를 목표한다. 10% 이상 남지 않으면 물가상승률, 임금상승률. 투자금융상환 등 자금 흐름에 있어서 지속 가능한 경영이 힘들어지고 수익이 남으면 일정 부분 사회에 환원해야 한다.

4. 10년 내 상환 원칙

10년 안에 투자 금액이 회수가 되지 않으면 그 투자는 잘못된 투자이다. 즉, 10년간 수많은 노력을 해서도 투자 금액을 상환하지 못하면 과감하게 정리하고 빠져나올 줄 알아야 한다.

5. 단계별 투자 원칙

현재 연매출 기준 50% 이상을 무리하게 투자할 생각을 하지 마라. 반드시 연매출 50% 이하의 금액을 설정하여 매해 단계별 투자를 진행하라. 아무리 200% 확신이 있는 투자라도 어떠한 변수가 생길지 모르는 것이 경영이다.

6. 비상 100일 경영 원칙

그 팀이 적자가 나오면 비상경영 선포 후 반드시 100일(3개월) 내 흑자 체질로 바꿔라. 적자체질이 만성적 습관화가 되기 전, 모두가 하나되어 흑자체질로 바꿔야 한다. 흑자 습관을 위해 비상 100일 경영을 선포하고 전원 참가형의 '시급 경영'을 도입하라.

7. 1090 재분배 원칙

끊임없는 돈의 유혹에서 벗어나 이익의 10%는 반드시 재분배하고

90% 이익은 미래의 투자에 활용하라. 즉, 이익통장에 수익이 나기 시작하면 그 중 10%는 임직원, 협력사, 고객들에게 반드시 환원함을 원칙으로 하며, 90%는 자신의 조직과 국가와 인류에 재투자하는 마음으로 경영하라.

---

1. 시급 경영 원칙

이익을 최대로 하려면 시급 공식에 의해, 팀 매출을 최대로 하고 팀 지출을 최소로 줄이며 팀 시간을 최소로 하는 것이 답이다. 즉, 팀별로 독립적 경영사업부로 분리하고, 현실의 속도보다 반보만 빠르게 변화하며 시급 경영하라.

지금까지의 우리나라 시급은 시간당 급여를 정해 주고받는 것만 치중할 뿐 더 많이 받기 위한 방법은 늘 빠져 있었다. 나는 지금까지 시급 경영의 7단계 777원칙을 통해 우리나라 98% 중소기업 임직원들이 같은 곳을 바라보고 함께 시급을 높일 수 있는 방법을 설명하였다. 즉, 시간당 급여의 시급이란 개념보다, 시급을 어떻게 하면 올릴 수 있는지 알려주는 방법론의 '시급 경영'을 도입할 시점이다.

시급을 계산하는 것은 시급 계산기, 각종 어플, 법률적 기준에 의거 쉽고 다양한 방법들이 시중에 많이 나와 있지만, 시급을 만들어가거나 높일 수 있는 방법의 계산기는 이 세상에 존재하지 않았다. 주는 자와 받는 자의 서로 다른 집단은 이질감과 다툼의 대상일 뿐 서로 상생하는 방법을 함께 고민하고 실천하지 않고 있다.

이제 '시급 경영'과 같은 방법으로 같은 곳을 바라보고 함께 꿈꾸며 새로운 문화를 창출해야 한다. 그리고 그러한 문화를 작은 조직부터 큰 조직까지 우리나라 98%의 중소기업 누구나 적용해야 한다. 즉, 이익을 남기기 위해 결국 7단계 777원칙의 시급 경영 시스템을 통해서 쉽고 빠르게 실천해야 할 것이다.

---

2. 댐 경영 원칙

경영을 잘해서 이익을 남기는 게 쉽지 않으면 반대로 이익을 먼저 떼어놓고 더욱 악착같이 움직여라. 즉, 이익통장에 미리 댐 역할을 할 수 있는 자금을 정하여 떼어놓고 경영하라.

댐은 가뭄과 홍수일 때 비상시에 물을 보관했다가 적절하게 활용할 수 있는 시설이다. 즉, 경영 또한 댐과 같은 역할을 할 통장이 있어야 한다. 그것이 바로 이익통장이다.

매출에서 지출, 시간을 뺀 나머지를 이익통장에 넣어두어야 되고, 이익통장에 있는 자금은 항상 댐과 같은 역할을 할 수 있게 만들어야 한다.

경영자가 자금에 쫓기면 모든 임직원이 불안해하고 스트레스를 받고 떠나지만 댐과 같은 이익통장이 든든하게 받치고 있으면 즐겁고 행복한 일터가 될 수 있음을 10년이 지나고야 깨달았다. 반대로 이익통장에 아무것도 남지 않거나 오히려 마이너스이면 반드시 100일간 집중 경영을 통해 흑자 전환을 시켜라(제 6원칙 참조).

3. 1030의 원칙

최소영업이익은 10% 이상이고 최대영업이익은 30%대를 목표한다. 10% 이상 남지 않으면 물가상승률, 임금상승률, 투자금융상환 등 자금흐름에서 지속 가능한 경영이 힘들어지고 수익이 남으면 일정 부분 사회에 환원하여야 한다.

어떠한 산업이든 업종이든 상관없이 영업이익 10%를 1차 목표로 해야 한다. 이는 지속 가능한 경영을 위해서 필요한 최소한의 영업이익률이다. 경영 상황이 갑자기 안 좋아지거나, 물가나 임금이 폭등하거나, 이자가 높아질 경우를 대비하여 이익을 준비해야 한다. 그러려면 최소한의 이익률 10%를 목표하여 긴급한 경영 상황에 대비해야 한다. 이익이 남지 않으면 최소 10%의 영업이익을 먼저 떼어놓고 악착같이 경영해야만 한다.

우리는 하나의 사업부에 적게는 3~4개 팀, 많게는 10개 팀으로 쪼개어 팀마다 리더들의 독립 사업과 더불어 독립적 손익을 보도록 시스템화하였다. 즉, 아무리 큰 조직도 작게 쪼개어 이들의 경영 상황을 쉽게 수치화하여 볼 수 있게 한 것이다.

영업이익에서의 핵심은 실시간 경영 상황을 모든 조직원이 공유하여 한눈에 볼 수 있고 리더와 함께 참여할 수 있도록 해야 한다. 이는 ICT 기술을 활용하여 블록체인 시스템을 구축하면 문제없이 해결되지만, 이 또한 열악한 중소기업 특성상 자신만의 경영 상황을 파악하고 구축하는 데 많은 비용이 들어가는 게 현실이다. 하지만 이러한 재무적 상황을 쉽고 빠르게 볼 수 있도록 블록체인 소프트웨어 시스템을 개발하면 상황이 달라진다. 즉, 이 책의 모든 내용을 시스템화하고 프로그램화하여 중소기업이 마음껏 이용하는 것이 우리들의 최종 사회환원 목표다. (6장에서 자세히 설명한다.)

> ### 4. 10년 내 상환원칙
> 10년 안에 투자금액이 회수되지 않으면 그 투자는 잘못된 투자다. 즉, 10년 간 수많은 노력을 해서도 투자 금액을 상환하지 못하면 과감하게 정리하고 빠져나올 줄 알아야 한다.

우리나라 사람들은 성격이 급하여 초기 1~2년 경영 후 이익이 나지 않으면 쉽게 문을 닫거나 다른 업종으로 전환한다. 2007년 창업 교육 후 함께 창업한 동기 100명 중 98%는 이미 문을 닫거나 다른 업종에 종사하는 것을 보면 쉽게 알 수 있다. 10년 내 상환 원칙을 역설하자면, 최소 10년은 노력하고 변화하여 반드시 돌파구를 마련해야 한다는 원칙이다.

나 또한 10년 내내 적자 아닌 적자에 시달렸고 10년 후 결국 상환하였으며, 앞으로 10년을 위해 또 다른 새로운 투자를 진행하고 있다. 매출이 동일하면 연 10% 이상의 영업이익을 내면서 그 상환금을 갚아나갈 수 있는 계획을 세워야 안정적으로 돌아간다.

반대로, 갖은 방법과 변화를 통해 10년 내에 상환하지 못하면 그 사업을 깔끔하게 접고 다시 시작해야 한다. 들어간 방법이 있으면 나오는 방법도 알아야 한다. 단순히 1, 2년 쉽게 판단해서 포기하지 말고 최소 10년은 성실하게 경영하여 성공 시키는 마인드를 이 원칙을 통해 꼭 실천해나가라.

> **5. 단계별 투자 원칙**
>
> 현재 연매출 기준 50% 이상을 무리하게 투자할 생각을 하지 마라. 반드시 연매출 50% 이하의 금액을 설정하여 매해 단계별 투자를 진행하라. 아무리 200% 확신이 있는 투자라도 어떠한 변수가 생길지 모르는 것이 경영이다.

우리는 창업 초기 매해 30% 이상의 급성장을 통하여 발전해나갔다. 매출이 확대되자 마치 보이지 않는 내년도 매출을 확신하고 추가 투자를 공격적으로 했다. 하지만 결국 몇 년 되지 않아 빚더미의 쓰나미를 겪었다. 즉, 이익을 생각하지도 않고 끊임없는 매출 확대로 공격적 투자만 한 것이다.

결국 매출을 계획대로 달성하지 못해 많은 빚을 지고 더 힘든 악순환을 맞이했다. 경영 환경은 갈수록 어려워져만 갔고, 엎친 데 덮친 격으로 화재보험이 들어 있지 않은 상황에서 공장에 불이 나서 모든 생산 시설이 전소되는 상황도 겪었다.

경영이란, 살얼음판에서 맨발로 걷는 상황의 연속이다. 현재 연매출 기준 50% 이상은 절대 투자해서는 안 된다. 투자금을 유치하기도 어렵거니와 설사 투자하더라도 수많은 경영 변수의 위험천만한 상황에 직면할 수 있다. 반드시 연매출 50% 이하의 단계별 투자를 진행하여 하나씩 성장하는 즐거움을 맛보아라.

주위에서 나보다 아무리 잘 나가는 기업과 사람이 있더라도, '나는 100년, 1,000년을 보고 거북이처럼 단계별 경영을 할 테야'라고 다짐해야 지치지 않는 법이다.

---

6. 비상 100일 경영 원칙

그 팀이 적자가 나오면 비상경영 선포 후 반드시 100일(3개월) 내 흑자 체질로 바꿔라. 적자 체질이 만성적 습관화되기 전, 모두가 하나 되어 흑자체질로 바꿔야 한다. 흑자 습관을 위해 비상 100일 경영을 선포하고 전원 참가형의 '시급 경영'을 도입하라.

한 번 적자가 나면 문제점을 신속하게 파악하여 100일 내 개선해야 한다. 그렇지 않으면 만년 적자 체질로 바뀔 수 있다. 나 또한 비상경영 100일 선포 후 시급 경영을 도입하여 10년의 만성 적자 체질을 3개월 만에 흑자 전환으로 성공시켰다.

적자일 때 비상경영 100일을 모든 임직원 앞에서 선포하고 안 하고의 차이는 하늘과 땅 차이다. 임직원들에게 더 이상 물러설 수 없는 낭떠러지 앞에 있음을 알고 함께 긴장하여 움직이자는 취지다.

하지만 100일간 움직이는 방법이 과거 적자 생활을 답습하거나 유지해서는 절대 안 된다. 새로운 방법을 배우고, 익히며 무엇이든 받아들이고 변화할 마음이 준비되어야 한다. 그리고 우리가 개발한 혁신적인 '시급 경영 시스템'을 도입하여 100일간 적용해야 한다.

조직 혼자서는 절대 못한다. 성공의 습관을 만들고 그 길을 걸어본 사람들에게 함께 배워야 한다. 이 경영 시스템으로 100일간 함께 극복하고 개선하여 반드시 흑자 전환할 수 있다는 마음가짐으로 도전해야 한다. 그것이 비상 100일 경영 원칙의 핵심이다.

---

7. 1090의 재분배 법칙

끊임없는 돈의 유혹에서 벗어나 이익의 10%는 반드시 재분배하고 90% 이익은 미래 투자에 활용하라. 즉, 이익통장에 수익이 나면 그 중 10%는 임직원, 협력사, 고객들에게 반드시 환원함을 원칙으로 하며, 90%는 자신의 조직과 국가와 인류에 재투자하는 마음으로 경영하라.

1090의 재분배 법칙을 잘 활용하여 고객과 임직원, 협력사에 대한 감사의 마음을 표해야 한다. 그러면 더 큰 고객과 협력사와 훌륭한 인재들이 모이는 밑거름이 된다. 나 또한 고객들에게 많은 서비스 행사를 진행하였고, 임직원들에게 소소한 선물과 각종 수당과 상여금을 지급했으며, 협력사들에게 더 끈끈한 유대관계를 위해 결제 약속을 보다 앞당기기 시작했다. 이익의 극히 일부분이었지만, 이러한 행동은 상대의 마음을 얻는 쉽고 빠른 방법이다. 그리고 이익의 대부분은 개인의 욕심이 아닌 자기 조직과 사회, 더 나아가 국가와 인류를 위해 새로운 목표를 설정하는 데 사용해야 한다.

우리 사회는 학창 시절처럼 늘 단답형의 정답만 주고받는다.

함께 팀을 이뤄 해결할 수 있는 능력도 부족해 보인다.

정부 또한 늘 달콤한 물고기만 국민들에게 주려고만 한다.

중요한 것은 문제를 풀어가는 방법인데,

그 방법은 온데간데없이 늘 정답만 주기 바쁘다.

진정 국가와 사회를 생각하고, 가족과 자신을 생각한다면,

답보다 답을 찾는 방법을 알아가야 한다.

아쉽게도 우리 사회에는 그 방법을 물어보는사람도 없고,

알려주는 사람은 더더욱 없다.

그런 교육이나 책은 눈 씻고 찾아보아도 찾기 힘들었다.

작게는 우리 가족부터, 98% 중소기업 조직과 사회까지

넓게는 우리나라의 미래를 위해 생각을 달리해야 한다.

이젠 눈앞의 물고기가 아니라

더 큰 물고기를 잡는 방법을 배우고 찾아간다.

최저임금을 단순히 정해주지만 말고, 현재 내가 속한 조직이 생존할

수 있는 시급부터 역계산해본다. 그리하면 작은 조직이든 큰 조직이든

상상을 초월하는 일들이 벌어질 것이다.

PART 5

시급 1만 원
그 이상을 넘어!

왜 시급 1만 원만 생각해?

'하루라도 붓을 잡지 않으면 손끝이 무뎌진다.'
'하루라도 책을 읽지 않으면 입안에 가시가 돋는다.'
'하루라도 경기를 뛰지 않으면 실전 감각이 떨어진다.'

이 모든 이야기는 그 분야의 전문가가 되기까지 매일 현장 속 감각을 유지해야 한다는 성공한 사람들의 말이다. 그 분야의 전문가는 최소 10년이란 세월 속에서 끊임없이 노력해야 비로소 탄생한다. 하지만 현장을 모르고 법만 다루고 있다거나, 현실을 외면한 채 탁상공론만 하는 연구가들은 결국 현장 속 간절함을 놓치게 된다.

세상을 바꾸는 리더들이 현장 감각을 유지하는 것이 얼마나 중요한지를 알아야 하지만 현실은 그렇지 못하다.

98%의 중소기업 소상공인 중 현실세계와 현장 감각을 놓치지 않기 위해 노력하는 리더들이 얼마나 될까. 사람은 망각의 존재여서 설사 과거에 힘들게 자라왔어도 성공의 달콤함을 맛보면 어려웠던 시절을 잊고 추억으로 간직하기 바쁘다. 마치 영웅담처럼 술자리 안줏거리로 전락되는 것이다. 현실은 하루하루가 힘들고 열악하여 산소 호흡기에 의존하며 연명하고 있는데, 그것을 알고 있는 리더는 그리 많지 않아보인다.

우리나라는 현재, 현장 감각을 망각한 채 입안된 정책과 시스템 때문에 시급 1만 원을 기점으로 요동치고 있다. 중소기업 소상공인들은 가뜩이나 어려운 경영 환경에 시급 1만 원의 두려움에 떨고 있으며, 받는 사람들 또한 탄탄하고 자연스러운 결과물의 시급 1만 원이 아닌 기대 반 우려 반의 시급 1만 원을 바라보고 있다.

시급 1만 원은 앞으로 5년에 걸치든 10년에 걸치든 결국 이루어질 것이다. 그리고 과거 수십 년처럼 끊임없는 악순환에 노·사·정이 서로 헐뜯고 싸우며 결국 희망 없는 사회로 전락할지도 모른다. 현재 우리나라 중소 벤처기업 소상공인들의 경영 시스템은 어린아이 걸음마 수준이다. 조금 더 심한 표현을 하자면, 산소 호흡기를 단 중환자 같다. 나 또한 그랬고, 그 누구도 현실을 타개할 수 있는 적극적으로 올바른 방법을 알려주지 않았다.

오랫동안 실패를 답습해온 탓에 스스로의 변화와 성장은커녕 법의 눈치만 바라보는 상황이 되어버렸다.

사회의 리더들이 우리를 올바르게 치료해주고, 회복시켜 건강한 체질로 만드는 방법을 알려주어야 하는데, 현실은 불난 집에 부채질만 하고 있을 뿐이다. 중소 벤처기업과 소상공인들의 건강한 경영 방법과 체질을 만들어가지 못하면 우리 사회는 더욱더 악순환에 시달릴 것이며, 공멸하는 사회로 전락할 것이다. 이제 우리는 시급 1만 원만 생각하는 것이 아닌, 시급 2만 원도, 3만 원도 함께 만들어갈 수 있는 방법을 배우고 실천해야 할 때다. 그리고 다른 사람, 다른 집단, 다른 나라를 기대하지 말고, 내 작은 조직부터 실천하여 함께 변화해야 할 시점인 것이다.

꿈의 일터? 그곳을 만들어낸다

꿈의 일터란 어떤 일터일까?

단순히 연봉이 많은 일터? 복지가 무한한 일터? 시설과 환경이 쾌적하여 누구나 일하고 싶은 일터? 탄탄하여 안정적이고 그 어떤 비바람에도 쓰러지지 않는 일터? 일과 가정의 양립이 보장되어 있는 일터? 자기계발이 무한하여 늘 배워가는 일터?

모두 맞는 말이다. 이 말들은 현재 우리 사회의 리더, 부모님, 선생님, 선배, 친구들이 가장 많이 알려주고 이야기한 꿈의 일터의 조건들이다. 하지만 현실은 이러한 일터가 2% 정도로 많지 않다. 반대로 생각하면 이러한 2% 일터가 되기까지 98% 일터는 끊임없이 노력해야 한다는 말이다.

즉 연봉이 많고, 복지가 좋고, 시설과 환경이 좋고, 안정적이고 탄탄하며, 일과 가정의 양립, 그리고 자기계발까지 무한하게 보장되는 일터는 절대 하루아침에 만들어지지 않는다. 설사 있어도 누구나 다니고 싶은 2%의 일터는 바늘구멍 취업 전선과 더불어 치열한 경쟁 속에서 살아남아야 할 뿐이다. 이것이 현재 우리 대한민국 사회의 현실이다. 나 또한 10년간 어려운 시급 생활을 지나, 5평부터 홀로 창업해 또 다른 10년이란 시간이 흘렀다. 꿈의 일터를 만들기 위해 지금도 현재진행형이다. 이제는 달라져야 한다. 정확히 말하자면, 꿈의 일터의 정의부터 달라야 한다.

꿈의 일터란, 이미 좋게 만들어진 2% 일터가 아니다.

꿈의 일터란, 누구나 다니고 싶은 2% 일터도 아니다.

꿈의 일터란, 우리의 98% 중소기업 소상공인 일터 속 모든 구성원이 '꿈을 함께 만들어가는 일터'여야 한다.

꿈의 일터란, 우리의 98% 중소기업 소상공인 일터 속 모든 사람들이 함께 같은 곳을 바라보는 일터여야 한다.

꿈의 일터란, 우리의 98% 중소기업 소상공인 일터가 지금은 비록 어렵고 눈물 나게 힘들어도 탄탄한 경영 방법을 배우고 변화하여 꿈을 포기하지 않는 일터여야 한다.

꿈의 일터란, 우리의 98% 중소기업 소상공인 일터가 급여가 적고 제때에 주기 힘들고 적자로 늘 열악해도 함께 고민하고, 해결하여 같이 극복해가는 일터여야 한다.

우리는 꿈의 일터란 용어부터 다시 정의하고, 우리의 가족, 친구, 자녀, 제자, 직장 선후배, 동료들에게 알려주어야 한다.

　이제 우리는 10년 이상의 시행착오를 겪고 누구나 가고 싶은 2% 일터보다, 지금은 열악하지만 평범한 98% 일터를 꿈의 일터로 함께 만들어가야 한다. 그 과정 속에서 행복과 성취감을 맛보고 함께 성공할 수 있는 발판도 마련해야 할 것이다.

　이러한 꿈의 일터는 몇 명의 경영진만의 노력이 아닌, 임직원 모두가 하나 되어야 비로소 가능하다. 그리고 그 주인공이 우리가 되어야 하고 그런 일터가 우리의 일터가 되어야만 한다. 이제 우리는 생각부터 바꿔야 한다. 생각이 달라지면 표현이 달라지고, 표현이 달라지면 행동이 달라지며, 행동은 결국 시행착오 끝에 모든 것을 이루어내기 때문이다. 이것이 인간의 무한한 능력이다.

　우리의 훌륭한 선조들과 부모, 선배들이 지금까지 잘 이끌어왔듯이, 이제 우리 세대가 주역인 시대가 왔다. 정치 탓, 사회 탓, 부모 탓, 네 탓, 남 탓을 할 시간에 우리가 다르게 생각하고 현명하게 행동하면 사회는 더욱더 희망차게 바뀔 것이다.

　우리가 주인공이 되어 최소 10년 이상의 노력으로 하나둘 꿈의 일터를 만들어나가자. 지금은 열악하고 힘들며 앞이 보이지 않아도, 10년, 20년이 지나 우리의 꿈의 일터가 더 많이 꽃을 피운다면, 자녀와 후손들에게 더 나은 미래, 더 행복한 꿈의 일터를 선사할 수 있을 것이다.

　서로의 입장만을 고집하는 노사 관계가 아닌, 늘 함께 같은 곳을 바라보는 하나 되는 임직원이 되어야 한다. 서로 간의 차별이 있는 정규직, 비정규직이 아닌, 동등하고 행복한 대우를 만들어가는, 같은 사회 구성원이 되어야 한다. 5년, 10년 단기 집권을 위한 여야의 비현실적인 정치 리스크가 아닌, 우리나라 미래 100년을 바라보고 큰 틀의 행복 시스템을 만들기 위해 노력해야 할 시점이다. 그러기 위해 지금 이 순간, 본인이 소속된 작은 조직부터 바꾸고 실천할 수 있는 사람만이 꿈의 일터를 만들어갈 수 있다.

시급 1만 원, 그 이상의 철학을 찾는다

우리는 연말연시가 되면, 우리만의 플래너를 만들어 개인의 꿈, 가족의 꿈, 사회의 꿈을 적고 있다. 설사 그 플래너를 갖고 다니지 않아도, 우리만의 시스템에 적립시켜 스마트폰으로 볼 수 있게 만들었다. 1년의 계획이 이러하듯, 직장에서도 일하는 이유가 명확하지 않으면 사람은 늘 흔들리기 마련이다. 경영 또한 매한가지다. 경영을 하는 이유를 명확하게 설정하지 않으면, 물거품이 될 확률이 높다.

일하는 이유, 경영하는 이유를 단순히 돈을 벌기 위해서, 목돈 마련이나 한탕주의식 자금을 챙기기 위해서, 부업의 생활비나 개인 용돈 쓰기 위해서라는 이유보다 나의 소중한 꿈을 위해서, 꿈의 일터를 만들기 위해서, 고객에게 새로운 가치를 선사하기 위해서라는 철학과 이유를 가진 사람들은 말과 행동이 달라질 수밖에 없다.

결국, 그러한 철학을 가진 사람들은 거친 비바람 속에서도 흔들리지 않고 굳건히 그 과정을 헤쳐 나가고 즐길 수 있다.

일을 하는 이유는 돈을 벌기 위함이 아니다! 일은 자아 실현을 할 수 있는 유일한 수단이다. 일은 나의 꿈, 가족의 꿈, 우리 모두의 꿈을 실현할 수 있는 유일한 방법인 것이다.

나는 이러한 근원적 이유와 바른 생각을 '철학'이라 부른다.

즉, '철학'이란 바른 생각과 근본적 이유를 위해 성찰하는 과정이라 스스로 정의했다. 일에 대한 철학, 경영에 대한 철학, 사회에 대한 철학, 나라에 대한 철학은 어느 한순간에 번개처럼, 또는 마술처럼 생기지 않는다. 철학은 끊임없는 생각과 배움을 통해서 조금씩 조금씩 쌓여가고, 다양한 사고와 수없이 많은 시행착오 끝에 하나둘 적립되어 간다.

우리가 시급 1만 원, 그 이상을 만들기 위해서는 가장 먼저 뿌리 깊은 철학이 필요하다. 그리고 그 철학을 위해서는 마음속 간절함이 있어야 하고, 그것을 생각하면 하염없이 눈물이 나오기도 해야 하며, 어떤 모진 비바람에도 오뚝이처럼 일어설 수 있는 힘이 생겨야 한다.

우리는 지금, 시급보다 더 중요한 삶의 근원적 이유와 성찰, 그리고 바른 생각인 철학을 가장 먼저 설정해야 한다. 그래야만 한낱 시급 얼마에 흔들리지 않고 시급 그 이상을 굳건히 만들어갈 수 있는 것이다.

시급 1만 원, 그 이상의 문화를 찾는다

'철학'이 바른 생각과 삶의 근본적 이유를 위해 성찰하는 과정이라면, '문화'는 그러한 생각을 말로 표현하고 몸으로 행동하는 조직 습관이라 정의하고 싶다.

철학과 문화의 사전적 의미와 암묵적 의미는 우리 사회에 무한히 많지만, 실제 20년간의 시급 생활, 경영 생활 속에서 몸소 습득한 철학과 문화를 정의하기란 쉬운 일이 아니다.

어떻게 하면 나의 생각과 철학을 조직에 효과적으로 전달할 수 있을까, 어떻게 하면 이 철학들을 구성원과 하나 되어 습관으로 만들 수 있을까 거듭 고민했다.

10년의 경영 속에서 나만의 철학들을 효과적으로 전달하고 행동하며, 구성원과 함께 습관화하는 것이 나에겐 늘 커다란 숙제였다. 인간은 생각하는 동물이고 그 생각을 말과 행동으로 표현할 수 있다. 그리고 그것을 반복적으로 하면 습관이 된다. 그 습관이 개인적인 습관이 아닌, 내가 속한 조직 내에 전체적 습관으로 나타나면 그것이 바로 문화가 되는 것이다.

나는 이러한 문화를 만들기 위해 10년간 끊임없이 설파하고 몸소 실천하며 현장에서 솔선수범해나갔다. 그것을 옆에서 보고 듣고 익히는 임직원들이 하나둘 늘어갔으며, 그 임직원들을 주축으로 또 다른 사람으로 전파되었다. 10년이 지난 지금 어느덧 그 숫자는 100여 명으로 불어나 있고, 100여 명의 임직원 가족과 협력 업체, 보이지 않는 관계자까지 합치면 1,000여 명이 된다.

현재의 1,000여 명이 있기까지, 수천, 수만 명의 사람들이 직간접적으로 오고 갔을 것이다.

그들은 우리를 좋게 보기도, 좋지 않게 보기도, 그저 그렇게 보기도 했지만, 나는 상대방의 생각과 시선은 크게 신경 쓰지 않았다. 오로지 우리만의 철학과 문화를 위해 개선하고 순간순간 최선을 다했을 뿐이다.

수많은 시행착오와 성장통을 겪으며 스쳐 지나간 많은 사람들은 어쩌면 하나의 소모품, 희생양으로 생각했을 수도 있다. 하지만 나는 그들이 무엇이라 생각하든, 그 어떤 구설수를 만들든, 개의치 않고 굳건한 철학과 문화를 만들어갔다. 좋든 싫든 그들이 있지 않았다면 지금의 우리 문화를 만들 수 없었기에 늘 감사하게 생각한다.

우리와 같이 크든 작든 조직의 리더들은 철학과 문화를 만들어가야 하는 막중한 책임과 역할이 있다. 그 어떤 조직에서도 리더들의 생각과 말과 행동은 항상 조직원들의 관찰의 대상이 되며, 문화를 만들어가는 중요한 존재들이기 때문이다. 항상 무거운 책임감을 갖고 임해야 하며, 가벼운 생각과 순간의 잘못된 행동을 경계해야 한다.

현명한 문화를 만드는 것은 그 조직의 리더가 해야 할 역할이자 과제다.

바르고 정직한 생각, 투명한 긍정의 언어, 늘 감사하는 솔선수범의 행동, 초심을 잃지 않는 언행, 열정과 배움 그리고 서로 배려하는 사랑의 문화를 만들어가야 한다. 시행착오와 성장통은 더 나은 문화를 만들기 위한 과정이라 긍정적으로 여기면 된다.

우리나라 98%의 중소 벤처기업 소상공인의 조직 문화는 직원도, 정부도, 심지어 대통령도 그 누구도 만들어주지 않는다. 오직 작은 조직의 리더 스스로가 만들어야 한다. 보다 더 현명하고 성숙하게, 구성원이 함께할 수 있는 보편적 철학을 갖고 솔선수범하는 것이야말로 리더의 가장 큰 역할이자 책임이다.

시급 1만 원, 그 이상의 배움을 찾는다

초등학교를 거쳐 중·고등학교와 대학 생활을 코치해주고 배움의 길로 인도해주신 선배나 스승들이 있다. 청소년기, 청년기 시절, 그분들은 언제나 보다 더 훌륭한 배움과 현명한 가치를 위해 늘 최선을 다해주셨다. 그들이 있지 않았다면 어쩌면 지금의 나 또한 존재하지 않았을 것이다. 늘 감사하고 존경을 표하고 싶다.

그렇다면, 본격적인 사회생활, 즉 성인으로서 퇴직 전까지 최소 30년 이상 우리들을 코치해주고 현명한 길, 배움의 길로 인도해주는 사람은 누구일까?

누구든 쉽게 대답하기 어렵다. 어쩌면 평소 많이 생각하지 않았거나, 생각해본 적 없을 수도 있다. 정답은 사회인으로서 그들이 속한 조직의 리더인데도 말이다.

즉, 교육과 자기계발 등 시스템이 잘 갖추어진 2%의 조직을 제외한 98% 중소 조직들은 대부분 현장에서 자신의 리더나 상사에게 배우고 익히고 습득해나간다.

하지만 우리나라 조직의 리더들은 사회생활에서 부모와 스승의 역할임에도 불구하고 존경은커녕 눈치의 대상이거나 마지못해 눈치 보거나 술자리 안줏거리로 전락되고 만다. 즉, 서로를 존중하고 배우고 섬기는 문화보다 서로를 경계하고 질투하는 문화가 우리나라에서는 보편화되어 있다. 어렸을 때부터의 교육 문화와 습관들, 또한 성인이 되어서의 팍팍한 삶, 그리고 바르지 못한 갑을 문화 등으로 인해 나타난 현상이다.

우리의 98% 중소 벤처 조직의 리더들이 존경받거나 사회의 스승으로 여기며 닮고 싶어 하는 리더는 과연 몇이나 될까? 중소 벤처 리더들이 존경받는 사회가 되기엔 아직도 많은 시간이 필요한 것 같다. 오히려 창업하거나 사업을 한다고 하면, 안정적이지 않고, 위험한 빚쟁이가 될 확률이 높다는 부정적 인식이 많다.

현명한 배움의 길로 인도해주는 리더와 서로를 존경하는 문화는 멀고도 먼 나라 이야기처럼 들린다.

이제 우리는 서로를 존중하고 배워가며 현명한 문화를 만들어갈 때다. 2대, 3대 세습 문화, 노사의 적대적 문화, 금수저 흙수저 문화, 갑을의 대립적 문화보다 서로의 존경과 감사 그리고 배움과 사랑의 문화를 함께 만들어야 한다.

나는 TV 없이 산 지 10년이 넘었지만 가끔 뉴스나 언론을 접해보면 대부분 부정적이고 충격적인 소수의 리더들의 이야기들로 가득 차 있다. 진정성 있고 긍정적이며 서로 힘을 주고 북돋아줄 수 있는 이야기는 거의 보이지 않는다.

요즘 우리는 TV를 넘어 스마트폰과 각종 ICT 기기의 다양한 기능으로 끊임없는 정보의 홍수 속에 빠져 있다. 이러한 정보통신 기술의 발달로 긍정의 효과도 물론 있지만, 반면 부정적인 인식과 이념, 문화를 조장하는 것도 과거의 속도보다 훨씬 빨라질 수 있음을 알아야한다.

결국, 성인이 되어 퇴직까지 우리의 사회생활 30년 동안, 현명한 배움의 길로 인도하는 사람은 오직 그가 속한 조직의 리더에 달려 있다. 경영자가 그들의 조직원을 위해서 보다 현명한 방법을 먼저 배우려하지 않고, 주먹구구식의 경영, 다양한 유혹 속에서 바르지 못한 경영을 한다면, 그 어떤 조직원도 경영자를 존경할 수 없다.

부모가 자녀를 현명하고 바른 길로 평생 인도하듯, 그 부모가 하루 중 가장 많은 시간을 할애하는 일터에서 그들을 배움의 길, 현명한 길로 인도하지 못하면 우리 사회에는 밝은 미래는 없을 것이다.

요즘 우리나라의 독서율은 100명 중 1명이 읽을 정도로 구시대적 산물로 전락하고 있다. 우리나라의 독서율이 세계 최저 수준이라는 것은 전 세계적으로 이미 유명하다. 이는 국민적 사고력과 판단력이 바르게 정립되지 않아 자칫 보이지 않는 현대화된 방법으로 또다시 다른 나라에 구속되기 십상이다. 배우려 하지 않는 사람, 그러한 조직이나 국가는 결국 오래 지속하지 못했던 과거 역사를 보면 쉽게 알 수 있다.

아무리 ICT 기술이 발달하더라도 무한한 능력이 잠재되어 있는 인간의 뇌를 개발할 수 있는 유일한 방법은 독서다. 역설하자면, 책을 보고 배우는 사람들만이 다른 사람, 다른 조직, 다른 국가를 앞서 리드할 수 있다.

독서하는 습관, 독서하는 문화를 만드는 것은 개인적으로 사회적으로 늘 쉽지 않다. 현재 내가 있는 조직부터 리더가 먼저 행동하고 실천한다면, 구성원은 자연스럽게 따라올 것이다.

가족의 리더인 부모가 스스로 독서하지 않고, 자녀에게 공부만 하라는 것과 같은 이치다. 선진국처럼 작은 조직의 리더가 존경받는 사회를 만들려면 작은 조직의 리더들이 먼저 배우고 솔선수범하는 변화가 필요하다. 그러한 배움에 대한 열정이 있어야만 시급 그 이상도 만들어갈 수 있는 것이다. 책이든, 강의든, 요즘 잘 구축된 정보통신 기술로든 끊임없이 배우는 문화를 각자의 작은 조직에서부터 실천해보자.

가장 빠르고 쉬운 실천 방법

지금까지 수없이 많은 이야기들을 가지고 달려왔다.

이 한 권의 책을 통해서 모든 것을 다 담아낼 수는 없지만 10년간의 시급 생활, 10년간의 경영 생활 끝에 얻어낸 반드시 알아야 할 이야기로 마무리하려 한다. 나는 지난 20년간 수천 권의 책들을 읽고 정리하고 실천하여 나만의 성공 방정식, 성공 시스템을 만들어 극적으로 반전을 시도했다. 하지만 책을 덮은 순간부터 머릿속에서 쉽게 잊히는 것에 늘 안타까웠다. 뿐만 아니라 책의 내용을 내 조직에 도입하고 실천해보면 우리만의 특성과 한계에 부딪히곤 했다.

이 책을 읽는 독자 또한 책을 덮고 며칠 지나면 결국, 나와 같이 쉽게 잊거나 한계에 부딪히고 말 것이다. 아무리 좋은 내용도 2주가 지나면 말끔히 잊고 마는 것이 인간의 뇌 구조이고, 이론과 현실이 다른 것도 인생사이기 때문이다.

하지만 실망할 필요는 없다.

우리는 이 책의 내용을 지속 가능한 시스템으로 구축하고 있다. 누구나 쉽고 빠르게 배우고 실천할 수 있도록 만들고 있다. 아무리 정답과 바른 길을 알려주어도 몸에 익히고 습관이 될 때까지는 최소 10년이 필요하듯, 결국 우리는 평생 배움의 자세로 삶을 살아야 한다.

100년, 1,000년 지속 가능한 경영, 그 어떤 나라보다 탄탄한 대한민국 기업만의 성공 방정식을 만들고 작은 조직들이 무한하게 번창하고 성공하여 즐겁고 행복한 가족과 사회, 나아가 국가가 되는 것, 이것이 내가 지난 20년간 간절히 원했던 꿈이었다.

이를 실천하기 위해 우리는 1인 조직부터 100인 조직까지 중소 벤처기업 및 소상공인들이 지속 가능한 한국형 경영 시스템을 만들기 시작했다. 이것은 대학이나 기관들과 같이 단순한 컨설팅, 학위, 졸업을 위한 이론적 교육이 아니다. 오로지 현장에서 자연스런 교육과 변화를 통해 스스로 익히고 해결하도록 만들고 있다.

대한민국 98% 중소기업 소상공인 조직에 다니는 임직원들은 물질적인 자원과 시간, 그리고 마음적 여유 또한 늘 부족하다. 뿐만 아니라 그 조직의 경영자들은 말할 것도 없다. 우리는 이들의 어려운 부분을 보듬어주고 안아주며 함께 올바른 방법으로 인도하고자 한다. OECD 국가 중 독서율 최저라는 통계는 어쩌면, 98% 중소기업 임직원들이 시간적·마음적 여유가 없기도 하고, 습관이 되지 않은, 부끄러운 대한민국의 자화상일지도 모른다. 우리는 이러한 대한민국의 현실을 간파하고 물고기 잡는 법을 알려주기 위해, 가장 빠르고 쉬운 실천법을 새로운 방식으로 접근하여 제시하였다.

연인이 맛있는 식사를 하며 데이트하듯, 가족이 식사나 외식을 하며 부모가 자녀에게 자연스러운 교육을 하듯, 조직이 즐거운 회식을 하며 그 조직의 문화를 자연스레 만들어가듯, 누구나 갖는 식사 시간을 활용하여 지속 가능한 문화를 창출할 수 있음을 발견한 것이다. 즉, 식사하는 동안 엔도르핀이 생성되어 무한한 가치를 창출할 수 있다.

반강제적인 교육이 아닌, 어색하고 딱딱한 미팅이 아닌, 구성원 모두 스스로 참여하고 깨달아 활력이 넘치고 변화할 수 있도록 한 것이다. 우리는 앞으로 우리나라 실정에 맞는, 우리나라 정서에 잘 활용할 수 있는, 더 나아가 우리 민족이 번영할 수 있는 한국형 시급 경영 시스템을 정착시키는 것을 목표로 한다. 경영의 왕도는 없다.

하지만 성공적인 한국형 경영 시스템은 반드시 존재해야만 한다. 그래야만 작은 조직이 무한하게 성공하여 행복한 사회 문화를 창출할 수 있기 때문이다.

특별한 인재를 찾기 위한 방법

시스템이 없으면 인재가 떠나고, 인재가 없으면 시스템 또한 만들거나 적용할 수 없다.

이 책의 모든 내용을 알고 배우기에 중소 벤처인들 그리고 그 구성원들은 너무나도 바쁘고 열악하며 시간이든 비용이든 마음의 여유조차 없는 게 현실이다. 과거 20년간 중소 조직 생활의 경험으로 비추어 봤을 때, 혼재되어 있는 문제를 하나씩 해결하고 시스템을 만들 수 있는 특별한 인재가 늘 필요했다.

그리고 그 시스템이 완성되면 평범한 사람도 인재가 되고 성공할 수 있을 것만 같았다. 하지만 중소 조직에서의 특별한 인재는 매우 드물었다. 더군다나 열악한 중소 벤처기업 소상공인 조직에 오기란 하늘에서 별 따기 수준만큼 어려웠다. 그런 특별한 인재들은 존재하더라도 자신만의 즐거움과 노하우를 가지고 열악한 회사로의 이직은 더욱더 하지 않았다.

나 또한, 특별한 인재를 찾기 위해 10년간 끊임없이 노력했다.

정성을 다해 보살피고 꿈을 설파했지만 결국 얼마 지나지 않아 또 제자리걸음을 해야 했다. 수없이 많은 사람이 오고 가며 반복되는 악순환을 10년째 겪어야만 했다.

내가 생각하는 인재는 없는 것일까?

우리가 생각하는 이상적인 인재는 나타나지 않는 것일까?

특별한 인재란, 결국 한 분야에서 최소 10년 이상 노력하며, 해결하고 변화해나가는 사람들인 것을 누구나 알지만, 현실 속의 그러한 사람은 쉽게 찾아보기 어려웠다. 우리가 생각하는 특별한 인재는 그 어디에도 없어 보였다.

내가 보지 못하는 전혀 다른 세상에 있는 것일까? 나만의 반쪽을 찾는 것처럼 어려운 것일까? 아니면, 내가 부족해서 못 알아보는 것일까? 결국 오랜 세월이 지나 최근에서야 조금이나마 깨달은 것이 있다. 특별한 인재란 멀리 있지도, 찾기 힘든 새로운 사람이 아니었다. 그 사람은 지금 이 순간 내 옆의 사람이며, 이 책을 읽는 독자이자 바로 우리 자신이라는 것이다.

자신 속에 잠든 놀라운 능력과 특별함을 믿고 일깨우는 사람, 그리고 그 능력을 개발하기 위해 한 분야에서 최소 10년 이상 변화되는 사람, 그 과정속에서 특별한 인재가 되어가는 사람, 그러한 사람이 바로 우리였으며, 특별한 인재임을 20년이 지난 지금에서야 깨달았다.

그리고 그 특별한 인재들이 만든 시스템으로 또 다른 인재가 양성될 것이며 안정화와 발전을 거듭할 것이다. 갑자기 하늘에서 내려준 선물처럼 특별한 인재는 존재하지도 나타나지도 않았다.

한 명 한 명 모든 이들에게 특별함을 알려주고 그들을 귀인으로 대하니, 서서히 변화되었다. 10년이라는 세월은 나를 포함한 우리 조직을 특별한 인재로 변화하기 위한 과정이었고, 그 과정이 없었다면 지금의 나도, 나와 함께하는 모든 인재들 또한 존재하지 않았을 것이다.

이 책을 읽고 있는 우리나라의 98% 중소 벤처기업 소상공인 임직원들은 성공적 시스템과 특별한 인재를 찾으려 해서는 안 된다. 그렇게 할 수도 없고, 설사 하더라도 나와 같이 많은 비용과 시간을 투자해야 할 것이다.

승산 없는 게임보다, 전문가에게 의뢰하고 배워서 본인이 더 집중할 수 있는 것에 올인해야 한다. 지금까지와는 다른 시스템으로 전혀 다른 게임을 펼쳐야 한다. 이것은 달콤한 물고기를 주는 것이 아닌, 물고기 잡는 법을 알려주는 것과도 같은 말이다.

최저 임금과 복지라는 물고기보다 물고기를 잡는 방법, 함께 상생하고 성공하는 방법을 연구해야 할 시점이다. 그때뿐인 달콤한 유혹이 아닌, 끊임없이 자생할 수 있도록 현명한 시스템과 지속 가능한 방법이 절실히 필요하다.

네 탓, 남 탓, 정부 탓할 시간에, 지금 내가 있는 조직을 특별한 조직으로 만들고 실천한다면, 더 많은 성공 사례와 더불어 우리 사회에 긍정의 기운이 넘칠 것이다. 또한 한국형 경영 시스템과 인재 양성의 기틀이 만들어지며, 탄탄한 일자리 창출과 혁신 성장, 소득 분배 또한 자연스럽게 이루어질 것이다. 이는 강제적 소득 인상이 아닌 소득 인상하는 방법을 알려주고 함께 상생하는 평등한 사회가 펼쳐짐을 의미한다.

나는 이러한 계획을 단순히 책 한 권으로만 끝나는 것이 아닌, 특별한 인재로 변화하기 위한 시스템과, 지속 가능한 교육 훈련 과정을 만들어가고 있다. 한국형 시급시스템을 만들고 특별한 인재로 거듭나기 위해 다양한 사회적 대안을 만들고 있는 것이다.

미국의 신혁신 전략, 독일의 인더스트리4.0 전략, 일본의 초스마트화 전략은 그들의 조직에 뿌리 깊게 내려진 교육 문화, 유연 노동 문화, 세이와주쿠 문화 등 탄탄한 문화적 시스템이 먼저 있었기에 가능했음을 잊지 말아야 할 것이다.

우리나라 또한 국민적 성향과 특성에 맞게 98%의 중소벤처 소상공인을 위한 현실적이고 효율적인 경영 시스템을 완성해나가야 한다.

그 중심에는 우리의 시급 경영 시스템이 있고, 그 교육 과정을 도입하여 현장의 눈높이에 맞게 바꾸어나갈 것이다. 설사 이러한 변화의 과정이 앞으로 10년, 20년이 걸리더라도 값진 시행착오이자 가치의 시간임을 믿어 의심치 않는다.

머지않아 우리의 탄탄한 경영 시스템으로 시급 1만 원, 그 이상도 거뜬히 만들어갈 수 있는 조직과 사회 더 나아가 대한민국이 될 것임을 확신한다.

시급 공식을 음식 서비스업에 적용한
실제 사례

1. 팀 매출 최대를 위한 7단계

1단계

내부 고객팀을 구성하고 리더는 2명 이상 그중 대표 리더 1명을 선발하라. 반드시 전체 매출을 세부 구성원별로 나누고 급여 또한 매출 비율로 연동시켜라. 주간회의 1시간 참여는 팀워크의 핵심 중 핵심, 끊임없이 팀워크를 강화하라.

100여 곳의 중소기업 구내식당과 별도로 일반 음식점 2곳을 운영하는 우리는 항상 적자에 시달렸다. 구내식당은 고정적인 고객과 계약을 통해 먹는 곳이지만, 일반음식점은 한 번 고객이 끊기면 그것을 되돌리기는 쉽지 않았다.

2곳의 1, 2호 직영 음식점은 계속된 적자의 악순환이었으며 매장 직원들의 분위기는 점점 다운되었다. 매장을 오픈한 지 1년 정도 되었지만, 간신히 유지되는 정도였다.

우리는 이 책을 믿고 원점에서 다시 시작했다. 그리고 하나하나 실천했다. 내부 고객팀을 구축하기 위해서 지금까지와 다른 방법을 적용했다. 기존 매니저 3명+팀장 1명의 조직에서 팀장 1명, 점장 1명, 매니저 2명으로 리더를 2명 이상으로 재구성하고 대표 리더 1명을 지정했다. 기존의 매니저를 팀장급으로 올리기도, 새로운 팀장을 영입하기도 하여 2명 이상의 리더 확보와 더불어 대표 리더를 선정하는 데는 며칠이 채 걸리지 않았다.

그리고 그다음 단계로 매주 금요일 오후 2시, 1시간 주간 팀 미팅 시간을 의무적으로 정하고 4명이 무슨 일이 있어도 함께 만나는 자리를 가졌다. 그리고 1호점 2호점 매출을 매장별로 나누고 다시 직원별로 세부적으로 나눴다. 즉, 1호점 2명의 직원 중 1명은 주방 매출과 1명은 홀 매출로 다시 나누어 담당하였다.

예를 들어 한 매장 하루 50만 원 매출을 2명이 일으켰을 때, 한 명은 홀 매출 25만 원, 다른 한 명은 주방 매출 25만 원을 일으킨 것으로 가정하여 나누었다. 그리고 급여도 매출 비율로 연동시켰다. 지금까지 안정적인 연봉제 급여 체계였지만, 지출과 순이익을 떠나 오로지 매출로만 연동시켜서 급여 수당을 만들었다. 보다 구체적으로 말하면 우리는 매출에 여러 수당들을 하나씩 연결하여 총 매출의 10% 정도 급여로 가져갈 수 있게 하였다.

평소 움직이지 않는 부분들을 수당으로 연결시켜 스스로 움직이고 느끼게 하기도 했다. 또한 수당제로 바뀜으로써 기존 연봉이나 급여보다 적게 수령했을 시, 기존 급여 이상으로 보전해주는 보전 수당 지급을 약속했다.

단순히 1단계만 도입했을 뿐인데 직원들은 눈빛이 바뀌었다. 나의 급여체계가 기존 급여보다 무조건 높게 받을 수 있다는 희망으로 자발적으로 움직이기 시작한 것이다. 그리고 그들에게 출퇴근 시간도 모두 없애고, 고정된 급여와 종속 관계를 모두 없앴다.

"지금 이 시간 이후부터는 여러분 모두가 사장이고 팀장입니다. 최소한의 급여는 지금처럼 보장을 해주되 상한선은 없앴습니다. 여러분의 능력을 마음껏 반영하여 매장을 이끌어봅시다"라고 선포했다.

그리고 매장을 책임 있게 운영할 수 있는 자율적인 근무와 더불어 책임감뿐만 아니라 매출 배분의 대가까지 연동시켜 적용했다.

그리고 그 조직의 리더들도 매출과 연동되는 급여를 시행하고 매주 개선하여 더 나은 시스템을 정착해나갔다.

2단계

외부 고객을 반드시 구체적인 'ooo 유형인 사람'으로 분리 후, 특화된 1가지 유형만 선정하여 그들에 맞는 상품과 서비스로 재편하라.

1단계를 준비한 시간은 한 달이 채 걸리지 않았고 신속하게 마무리되었다. 내부 고객의 1단계 시스템을 정비하고 이제 본격적으로 2단계의 외부 고객을 재편했다. 외부 고객을 지금까지는 상품과 서비스로만 분리했을 뿐 사람으로 분리하는 것은 처음이었다.

예를 들어 지금까지는 국밥 전문점, 고기 전문점, 커피 전문점, 백반전문점 등의 상품과 서비스로만 분리했을 뿐, 구체적인 사람 유형을 정하지 않았다.

· 국밥 전문점 ⋯⋯➔ 숙취 해소를 위해 콩나물국밥을 찾는 35세 남성 직장인
· 삼겹살 전문점 ⋯⋯➔ 맛있게 구워주는 삼겹살을 좋아하는 27살 깐깐한 미식가 여성
· 커피 전문점 ⋯⋯➔ 스타벅스 원두보다 더 깊고 진한 맛을 느낄 수 있는 40세 여성 주부

이런 식으로 구체적인 OOO 유형의 사람으로 분리했다. 우리는 과거 오로지 상권 개발이나 상품 개발, 서비스 개발에만 몰두했지 사람에 집중하지 않았다. 그 누구도 이와 같은 접근법을 알려주지 않았다!

1단계의 내부 고객인 임직원에 집중하여 리셋한 것처럼 2단계의

외부 고객도 사람에 집중해야 함을, 그것도 구체적인 유형의 사람을 선택했다. 우리는 우리의 음식점인 백반 전문점을 아래와 같이 구체적인 사람 유형으로 분리했다.

· 백반 전문점 ···▶ 어머니의 정갈한 즉석 집밥을 좋아하는 28살 남성 직장인

우리는 이렇게 특화된 1가지 유형만 선정하고 오로지 이 유형의 사람에 맞는 상품과 서비스로 재편했다.

이렇게 1가지 특화된 유형의 고객을 선정하니 무한한 아이디어가 샘솟았다.

'어머니의 정갈한 즉석 집밥을 좋아하는

28살 남성 직장인'을 위한 상품과 서비스들

· '어머니의 정갈한 즉석 집밥을 좋아하는 28살 남성'을 위한 후식들
· '어머니의 정갈한 즉석 집밥을 좋아하는 28살 남성'을 위한 디저트들
· '어머니의 정갈한 즉석 집밥을 좋아하는 28살 남성'을 위한 엄마표 잔소리 건강 측정기
· '어머니의 정갈한 즉석 집밥을 좋아하는 28살 남성'을 위한 밥은 먹었냐 이 벤트
· '어머니의 정갈한 즉석 집밥을 좋아하는 28살 남성'을 위한 즉석 집밥 요리들
· '어머니의 정갈한 즉석 집밥을 좋아하는 28살 남성'을 위한 저녁 쉐프 요리들

· '어머니의 정갈한 즉석 집밥을 좋아하는 28살 남성'을 위한 저녁 간단한 혼
  술 음식들
· '어머니의 정갈한 즉석 집밥을 좋아하는 28살 남성'을 위한 설레는 이벤트들
· '어머니의 정갈한 즉석 집밥을 좋아하는 28살 남성'을 위한 각종 사리나 밥
  등 무한리필
· '어머니의 정갈한 즉석 집밥을 좋아하는 28살 남성'을 위한 각종 할인 스티커
· '어머니의 정갈한 즉석 집밥을 좋아하는 28살 남성'을 위한 외부 홍보물
· '어머니의 정갈한 즉석 집밥을 좋아하는 28살 남성'을 위한 SNS 홍보 이벤트
· '어머니의 정갈한 즉석 집밥을 좋아하는 28살 남성'을 위한 각종 보드게임들
· '어머니의 정갈한 즉석 집밥을 좋아하는 28살 남성'을 위한 조명 서비스
· '어머니의 정갈한 즉석 집밥'을 연상케 하는 인테리어
· '어머니의 정갈한 즉석 집밥'과 같은 배식 그릇들
· '어머니의 정갈한 즉석 집밥'을 느낄 수 있는 맛깔 나는 식단
· '어머니의 정갈한 즉석 집밥'을 느낄 수 있는 대표 메인 요리들

즉, 우리가 정한 1가지 특화된 유형의 고객에게 상품과 서비스로
재편하여 100일간 하나씩 실천할 스케줄을 만들었다.
우리는 어느덧 부푼 꿈과 목표로 분위기는 한층 고조되었다. 불과
몇 주 만에 조직 개편과 더불어 1가지 고객 유형 상품과 서비스를 하
루 1가지씩 집중적으로 늘려나갔다. 무슨 일이 있더라도 과거와는 다
르게 운영하기로 했다.

3단계

특화한 1가지 고객 유형을 위해 가장 중요한 혜택 3가지를 나열하고, 이것을 포괄할 수 있는 문구를 10자 이내로 정하여 통일 적용시킨다.

'어머니의 정갈한 즉석 집밥을 좋아하는 28살 남성 직장인'을 위해 가장 중요한 혜택 3가지는 역시나 맛, 위생, 서비스였다. 그리고 이것을 포괄할 수 있는 문구를 10자 이내로 만들어야 했다. 맛을 위해서는 '어머니의 정갈한 즉석 집밥을 좋아하는 28살 남성 직장인'을 위해 무슨 일이 있어도 최고의 레시피와 100% 즉석요리를 원칙으로 했다.

위생은 '어머니의 정갈한 즉석 집밥을 좋아하는 28살 남성 직장인'을 위해 모든 인테리어, 음식, 기물, 도구 등 아이디어 타임을 이용해서 끊임없이 위생 개선을 실시했다. 서비스도 '어머니의 정갈한 즉석 집밥을 좋아하는 28살 남성 직장인'을 위해 그들이 진심으로 원하는 서비스를 1주에 1가지씩 제공해주었다.

그리고 이 3가지를 포괄할 수 있는 문구를 10자 이내로 정했다.

엄마의 집밥

그리고 이 문구를 모든 매장에 통일되게 적용시켰다.

4단계

자신의 제품을 홍보하기 전에 2단계 외부 고객 입장에서 진심으로 좋아할 만

한, 구두쇠 같은 것이 아닌 가치 있는 것을 반드시 무료로 먼저 제공해야 한다.

'어머니의 정갈한 즉석 집밥을 좋아하는 28살 남성 직장인'이 진심으로 좋아할 만한, 구두쇠 같은 것이 아닌 가치 있는 무료 서비스를 설정했다. 28살 남성 직장인은 건장하고 가장 활달하며 가장 패기가 있는 사회 초년생의 나이임에 분명했다.

우리는 그들이 좋아하는 메뉴를 추가하여 정말 먹고 싶은 샐러드바를 만들어 무료로 개방했다. 여성이 좋아하는 샐러드바가 아닌, '어머니의 정갈한 즉석 집밥을 좋아하는 28살 남성 직장인'이 좋아하는 메뉴인 셀프 프라이, 셀프 라면, 셀프 커피, 라면 사리, 공기밥, 김 등 그들이 좋아하는 샐러드바 메뉴로 재편 후 무료로 제공했다.

본격적인 홍보를 시작하기 전에 "28세 남성 직장인이 좋아하는 샐러드바"로 간단한 문구를 붙이고 고객 감사 기념 샐러드바 무료 오픈 행사를 시행했다. 행사 기간 1달 동안 잠재고객들까지 유입되어 초만원을 방불케 했다. 우리가 정한 '어머니의 정갈한 즉석 집밥을 좋아하는 28살 남성 직장인'뿐만 아니라 다양한 유형의 고객들이 오고 또 왔다.

하지만 우리는 처음 정한 '어머니의 정갈한 즉석 집밥을 좋아하는 28살 남성 직장인' 유형의 고객들에게 계속해서 집중했다.

자칫 이 고객, 저 고객 욕심을 내면 매장의 콘셉트가 완전 바뀔 수 있기 때문이었다.

우리가 정한 고객 외의 유형들도 한 분 한 분 친절하게 접객했지만,

결국 처음 정했던 바와 같이 '어머니의 정갈한 즉석 집밥을 좋아하는 28살 남성 직장인' 고객들이 재방문하도록 철저하게 모든 상품과 서비스를 계속해서 늘려나갔다.

5단계

일관성과 유연성을 위해 스타일 조절 지침(그림, 색깔, 활자체, 편집 체제)을 만들어 통일하여 적용시켜야 한다.

'어머니의 정갈한 즉석 집밥을 좋아하는 28살 남성 직장인'들에게 일관성과 유연성을 위해 그들이 좋아할 만한 디자인 스타일 조정 지침을 만들어 통일했다. 디자인 전문 업체에 스타일 조정 지침을 만들어달라고 하니 많은 비용을 요구했다. 중소벤처 소상공인들이 다가가기엔 몇 백, 몇 천만 원이 되는 스타일 조정 지침을 만들기는 부담되었다. 그래서 우리가 직접 세부 지침을 만들었다.

로고, 그림, 색의 비율, 색감, 활자체, 편집 기준체 등 기본적인 것들을 정하고 모두 통일시켰다. 디자인 전문 업체에 맡기는 것보다 다소 부족하지만, 내 나름의 철학을 갖춘 구성이 완성되었다. 학창 시절 7년의 미술 전공의 감각이 많은 도움이 되었다.

그리고 대부분의 중소 벤처기업들이 저렴한 비용에 부담 없이 적용하도록 통합 스타일 지침 시스템을 만들어보았다. 한 번 만들어 제공하면 누구든 통합된 스타일의 예쁜 옷으로 갈아입을 수 있다. 우리가 10년간 힘들어했던 스타일 조정 지침은 보다 쉽고 빠르게 중소벤처기업 소상공인들이 아름다운 옷을 입을 수 있게 해준 것이다.

6단계

1가지 유형의 고객관리를 위해 데이터베이스(DB)+프로그램을 오로지 1가지 플랫폼 시스템으로 통합 구축하고, 내·외부 고객 간에 서로 쌍방향 소통과 확장을 가능하게 한다.

내부 고객, 외부 고객 소통과 더불어 DB를 기초로 프로그램 확장 개발을 위해 오로지 한 가지 플랫폼으로 통합 프로그램을 구축하는 것은 4차 산업의 기본이다.

우리는 이러한 4차 산업을 위해 정부 지원 사업 등 많은 것들을 도전해보았지만, 억대의 비용과 더불어 개발이 되더라도 그때뿐인 단발적 사업에 불과하다는 것을 수없이 체험했다. 대부분의 연구개발(R&D) 사업들은 그 사업을 영위할 때만 집중적으로 관리될 뿐 지속적이지 않은 점이 아쉬웠다. 그래서 결국 기술 개발을 위해서 10년 이상의 고임금의 기술 개발 팀장을 외부에서 영입했다.

열악한 환경과 더불어 형편없이 작은 규모의 중소기업이 ICT 전문가를 채용한다는 것은 업계에서는 드문 케이스였다. 우리는 농·식품 외식업계에서 ICT라는 4차 산업의 터보엔진을 달기 위해 몸부림쳤다. ERP, MES 등 통합 플랫폼 구축과 어플까지 만들 수 있는 기술을 가진 팀장을 영입하기란 어려운 과제였다.

수없이 많은 인재를 면접 보고 꿈과 방향성 그리고 마인드까지 겸

비한 팀장급 인재를 찾아야만 했다. 우리로서는 상상할 수 없는 연봉을 투자해야 했다. 자칫 위험한 모험이었지만 우리는 인재 투자를 결단했다. 확신이 들었기 때문이다.

우리가 목표한 통합 플랫폼을 개발하기까지는 새로 선임된 기술팀 역량으로 3개월이면 충분히 가능했다. 이러한 프로그램을 주변에서는 몇 천만 원에서 몇 억 원씩 돈을 받고 1년 이상 소비하여 프로그램과 어플을 개발해주는 업체들이 많았다.

우리는 5단계 스타일 조정 지침처럼 우리의 경험을 토대로 중소 벤처기업들이 어려워하는 통합 솔루션 구축을 최소한의 비용으로 개발과 유지 관리를 해주었다. 실제 매장에서는 일반포스, 무인포스기, 엑셀 등 3가지 이상의 다양하고 복잡한 프로그램이 운영되고 있다.

우리는 1가지 통합 플랫폼을 구축해 그들이 진심으로 필요한 정보를 스마트폰에 쉽게 보여주기 위해 많은 노력을 했다.

그리고 '어머니의 정갈한 즉석 집밥을 좋아하는 28살 남성 직장인'이 쉽게 접근할 어플과 더불어 임직원과 소통해 상품과 서비스를 제공하도록 프로그램을 확장 개발하였다.

그러자 쌍방향 소통과 확장이 가능해졌고 하나로 융합되기 시작하였다. ICT 융합기술의 4차 산업혁명 중 극히 일부만 바꿨지만, 마치 핵폭탄과 같은 엄청난 파괴력을 느꼈다.

7단계

위의 6단계까지가 다 준비되고 나면 외부 고객이 자주 가고, 보고, 듣는 곳, 즐겨 찾는 방법으로 알리고 홍보하며, 꾸준한 관계를 유지한다.

(구전 마케팅/각종 광고/현수막/전단지/팸플릿/보도자료/라디오/신문/TV/
언론/잡지/웹사이트/사보/우편물/각종 SNS/이벤트/후원/매체/이메일/팩스/
네트워크 모임/전략적 파트너 관계/수십 가지 매체와 채널/명함/우편/편지
지/사보/전단지/달력/팩스 표지/스크린 인쇄물/발표회/강연회 등)

'어머니의 정갈한 즉석 집밥을 좋아하는 28살 남성 직장인'을 위해
그들이 자주 가고, 듣고, 보는 방법으로 알리고 홍보했다.

대부분 '어머니의 정갈한 즉석 집밥을 좋아하는 28살 남성 직장인'
들은 SNS 이용이 활발했으며, 그들의 직장이 많이 몰린 지역의 대로
변과 출퇴근 길에 다양한 홍보를 시작했다. 과거 무작정 따라한 홍보
방식과는 사뭇 다르게 마케팅을 펼쳤다.

그것은 '어머니의 정갈한 즉석 집밥을 좋아하는 28살 남성 직장인'
이 자주 이용하는 거리, 장소, 방법들만 온전히 생각해서 족집게처럼
홍보를 시작한 것이다. 그러자 잠재된 고객들이 한 명 두 명 왔고, 그
고객들의 재방문을 위해서 준비해두었던 상품과 서비스를 제공하기
시작했다.

위의 7단계를 노력하여 매출이 무한히 확장된다면, 또 다른 유형의
1가지 고객을 위해 1단계부터 돌아가라. 그러면 어느 순간 그 조직은
무한하게 확장되어 있음을 깨닫게 될 것이다.

'어머니의 정갈한 즉석 집밥을 좋아하는 28살 남성 직장인'의 1가
지 고객을 위해 100일간 집중적으로 매출 최대 활동을 펼친 우리는

이제 이 경험을 바탕으로 3호점을 부푼 꿈으로 준비했다.

3호점은 이 노하우를 바탕으로 상권에 맞게 '어머니의 정갈한 즉석 집밥을 좋아하는 35살 여성'으로 바꿔서 선정하였다. 이렇게 전문화된 1가지 유형들을 전국으로 확장한다면 순식간에 30호점 300호점 3,000호점까지 늘려나갈 수 있을 듯했다. 우리는 '어머니의 정갈한 즉석 집밥을 좋아하는 28살 남성 직장인'과의 관계를 꾸준히 유지하기 위해 다양한 방법으로 지금도 그들에게 무한한 가치를 선사하고 있다.

2. 팀 지출 최소를 위한 7원칙

• 약속의 원칙

지출 약속을 위해서 우리는 각 매장별 통장을 4가지로 분리하여 만들었다. 과거에는 모든 통장을 본사에서 통합 관리했던 것을 각각의 매장들이 독립적으로 운영하도록 하였고, 지출 약속을 이행하기 위해 리더들에게 권한과 책임을 주고 자금을 집행하게 했다.

과거에는 다른 매장이나 본사에서 자금을 융통해서 서로 메꾸고 조달하는 복합한 관계였지만, 이제 온전히 그 매장에서만 독립적인 운영을 시작하였다.

마치 다른 사람에게 함부로 돈을 빌리지도 빌려주지도 않은 것처럼 그 매장에게 독립된 권한을 부여해 약속을 반드시 지키는 연습을 한 것이다. 그러자 리더들의 통장 관리 책임이 더욱 막중해졌다.

• 체크 리스트 원칙

우리는 진행할 것들을 계속해서 사진으로 찍어서 본사에 보고하는 식이었다. 하지만 이제 모든 약속과 권한 및 집행을 매장 스스로 하도록 바꾸었기 때문에 모든 지출을 일목요연하게 리스트화했다. 그리고 지출 금액을 최소화하기 위해 집행 일자를 기록하고, 잊지 않게 체크하여 쉽게 보일 수 있게 했다.

모든 지출 체크 리스트를 먼저 만들고 지출 통장에서 정기적이고 규칙적으로 개선할 수 있게 조정한 것이다. 그러자 본사는 중복 체크 역할을 하는 조언자일 뿐, 실질적 권한과 책임은 각 매장의 리더들이 가지고 본격적인 경영을 시작하였다.

• 1:1 대응 원칙

매장별 사업자 카드를 만들어 그들이 1:1 대응 원칙을 지킬 수 있게 했다. 현금은 쓰지 않았으며, 오로지 매장 지출 전용 카드를 활용하여 모든 것을 투명하게 1:1 대응 원칙을 사수했다.

• 지출 보고 원칙

모든 권한과 책임은 매장의 리더인 팀장들이 갖고 있지만, 최종 보고 만큼은 본사 대표에게 보고 후 집행함을 원칙으로 했다. 즉, 1원 한 장이라도 최종 리더에게 직접 보고하여 최대한 절약하는 방법을 공유하고 해결했다.

• 혁신 매입 원칙

우리는 원가 절감을 위해 식자재 거래처를 끊임없이 찾아다녔다. 전국을 돌면서 생산 공장을 찾아가기도 농부들을 만나기도 했다. 하지만 소규모 매장에서 가장 중요한 것은 식자재가 신선하게 잘 회전이 되어야 한다는 것이다. 본사야 다량으로 구매하여 다량 조리를 원칙으로 했지만, 매장은 아무리 저렴한 것을 대량으로 가지고 온다고 해도 결국 유통기한이 지나버리는 지출이 많아지면 무용지물이 되기 때문이다. 우리는 꼭 필요한 식자재를 가장 저렴하게 살 수 있는 거래처를 발굴하고 직접 가서 여행하듯 매입했다.

• 복수 거래 원칙

모든 식자재 거래처와 공과금 시설 공사 등에서 복수 거래처를 개발하고 선의의 경쟁을 유도했다. 그리고 서로 비교하며 더 저렴하고 더 좋은 품질을 위해 항상 분석했다. 한 가지의 거래처만 의지하면 결국 그들의 스케줄에 따를 수밖에 없으니 우리는 자칫 더 많은 기회비용을 놓치는 것을 경계하였다.

• 중복 체크 원칙

본사의 통합 프로그램 개발을 동원하여 쉽고 빠르게 중복 체크하도록 만들었다. 즉 매장 경영 리더들이 실수하는 것을 방지하고 보다 현명한 경영 판단을 위해서 통합 경영 플랫폼 시스템을 일목요연하게 개발했다.

3. 시간 최소를 위한 7가지 원칙

• 시간 보호의 원칙

경영이 어렵다고 급여가 지체되면 모든 신뢰를 잃어버린다. 그래서 우리는 매장의 모든 통장 중 특히 시간 통장인 급여 통장만큼은 은행에 맡겨 보호하고, 자동 이체되게 하여 지급일을 실수하지 않도록 운영 관리하였다. 임직원들은 자신의 급여 정산시스템과 더불어 은행 직접 송금을 신뢰했고, 회사의 탄탄한 정책으로 급여만큼은 보호할 수 있었다.

• 시간 기록의 원칙

플래너와 프로그램을 만들어 쉽고 빠르게 기록 · 공유했다. 플래너는 휴대하지 않았지만, 대부분 스마트폰을 갖고 다니므로 통합 프로그램을 쉽고 빠르게 이용하게 했다.

즉, 시간을 기록하는 페이퍼는 점차 디지털로 바뀌었고, 영원할 것 같던 종이 다이어리도 시급 경영 프로그램에 장착해 누구나 쉽고 빠르게 시간을 기록 · 공유했다.

• 시간 교육의 원칙

주간 1회 1시간 팀 미팅뿐 아니라 공통교육, 월간, 분기, 반기, 연별 교육시스템을 만들어 매장 운영에 보다 효과적인 운영 지침을 내릴 수 있었다. 대부분의 교육은 그들의 선임이나 리더가 실시하였으며, 교육 수당을 연결함으로써 그들도 기쁘게 교육에 임하고, 점차 인재 개발 시스템이 완성되었다.

• 시간 자동화 원칙

시간 자동화를 위해 무인포스기를 도입했고, 모든 정산 자료와 분산된 시스템을 하나의 플랫폼으로 통합했다. 고객들이 직접 계산을 하고 먹는다는 것 하나만으로도 1명의 시간을 줄일 수 있는 것이 가장 큰 장점이었다.

그리고 주방 인원을 줄이기 위해 본사의 CK(central kitchen) 시스템을 도입하여 주방장이 없는 시스템을 개발했다. 음식점에서는 업계 최초로 무인포스기와 CK 시스템을 연동하여 최소 인력으로 자동화시켰고 꼭 필요한 창조적 요리와 고객 맞춤 서비스 부분만 사람을 배치했다.

그리고 더 나아가 시급 경영 통합 플랫폼으로 고객과 임직원, 나아가 협력 업체까지 하나 되는 자동화 시스템으로 메뉴 확인, 예약 확인, 자리 확인, 결제 확인, 맞춤형 서비스 등 고객들이 쉽고 빠르게 이용할 수 있도록 연구했다.

• 시간 참여의 원칙

매니저와 팀장들이 최소의 시간으로 최대의 효과를 창출할 수 있는 시간을 확보했다. 설사 방법이 틀려도 그들의 아이디어를 존중하고 반영하여 시도했다. 여러 아이디어 중 좋은 방법들을 적용하여 그들이 함께 느끼게 해주었다. 그리고 시도해 보지도 않고 말단 직원의 아이디어를 묵살하고 무시하는 것은 최악의 경영 방법이라는 것을 알려 주었다.

반드시 리더로서 말단 직원들의 아이디어를 존중하고 실천하여 그들이 한 가족이라는 것을 함께 느껴야 함을 재차 강조했다.

• 시간 리더의 원칙

리더가 갑작스레 빠지거나 리더가 공석일 때를 대비하여 2명 이상의 리더를 임명하여, 그들을 보고 듣고 따라할 수 있도록 하였으며, 리더가 언제든 옆에 있음을 알게 해주었다. 우리 매장도 2명의 리더를 선발했고, 그중 한 명의 리더가 빠져도 충분히 운영될 수 있었다. 그리고 그들에게 솔선수범과 더불어 교육의 중요성을 강조하였다.

• 시간 평가의 원칙

리더든 리더가 아니든 매장이든 본사든 우리는 전 부서 학점 이수제 및 분기별 평가 시스템을 도입하였다. 경영자부터 말단 직원까지 전 임직원이 고객과 국민 그리고 서로에게 평가를 받음으로써 보다 더 나은 경영법과 자기계발을 위해 끊임없이 겸손하게 노력했다.

4. 이익 최대를 위한 7가지 원칙

• 시급 경영 원칙

우리는 시급/월급/연봉이란 고정관념을 완전히 버렸다. 출퇴근 시간을 버리고 고정 급여와 최소 임금을 버리고 노사 관계, 갑을 관계도 버렸다. 그리고 매장별 모든 출퇴근을 자율적이고 변동적이며 책임제로 부여했다.

그리고 매출을 최대로, 지출과 시간을 최소로 하는 기본적인 원칙에 동참하도록 시급 경영 시스템을 만들었다. 즉 현실보다 반 보 빠르게 독립된 매장으로 하루하루 효율적 경영을 위해 시급 경영을 적용시켰다.

• 댐 경영 원칙

우리는 각 매장의 매출 중 10%를 이익 통장에서 통으로 떼어 운영해보았다. 그리고 나머지 90%를 가지고 악착같이 움직였다. 처음에 이익이 남지 않아 걱정했지만 몇 개월이 지난 지금은 운영 가능한 수준까지 올라갔다. 댐 경영의 원칙은 매출이 제한적으로 보여서, 악착같이 경영에 몰입하는 놀라운 현상을 만들었다.

• 1030 원칙

순이익이 남으면 고객과 직원들에게 돌려줘야 한다는 생각으로 지금까지 10년을 경영해왔다. 10년이 지난 최근까지도 순이익을 내기란 늘 쉽지 않았다. 하지만 우리는 비상 경영 기간 동안 완전히 반대로 운영하였다. 즉, 순이익이 남으면 재분배할 것을, 매출에 연동해서 이익이 나기 전 먼저 매출에 연동시켰다. 지난 10년간의 고정관념을 완전히 벗고 그들이 행동할 수 있는 것을 매출과 과감하게 연동시켰다.

그랬더니 놀라운 일이 일어났다. 그렇게 해도 순이익이 남지 않은 경영 상황이, 매출과 연동하여 수익을 임직원, 협력 업체, 고객들에게 환원하자 이익이 남기 시작했다. 지금까지 '이익이 남으면 환원해야지'라고 한탄만 했던 경영이 한순간에 바뀌었다. 먼저 환원하고 배분을 한 순간, 이익이 남는다는 것이 이해가 되는가?

즉, 이익을 환원하는 게 아니라 매출을 연동시키고 환원하는 것만으로도 얼마든지 이익이 발생했다. 그리고 자연스레 선순환이 되었다. 다시 한 번 강조하지만, 남으면 나중에 환원하는 것이 아니라, 먼저 매출과 연동을 시켜서 임직원이 함께 움직여야 남는다는 것을 10년이 지난 지금에야 깨달았다.

• 10년 내 상환 원칙

1호 매장과 2호 매장의 투자 금액이 각각 1억이라고 치면 반드시 10년 내 상환해야 한다. 물론 몇 개월이나 몇 년 안에 상환되면 금상첨화다. 하지만 최악의 경우 10년까지는 반드시 시행착오를 하며 변화해서 성공 시스템으로 만들어야 한다는 것이다.

10년간 경영도 해보지 않고 쉽게 포기하는 이른바 '한국인 경영 마인드'를 과감히 버렸다. 악착같이 10년간 변화하고 노력하면서 극적

인 경영법을 터득하여 대역전극이 펼쳐짐을 몸소 체험했다. 단언컨
대, 이 책대로 집중하여 시행하면 엄청난 변화를 느낄 수 있을 것이다.

• 단계별 투자 원칙

확신이 있으면 빚을 내서라도 무리하게 투자하는 경영법은 몇몇 프
로들만 하는 방법이다. 우리는 결코 연간 매출 기준 50% 이상 무리하
게 투자하지 않았다. 즉, 최소 자기자본 50% 이상을 확보하여 3호점
투자 시기를 결정했다.

만에 하나 잘못되더라도 절대 망하지 않는 경영법은 자기자본의
50% 이내로 안정적으로 투자하는 것이다.

지금은 1, 2호점의 순이익으로 2년 뒤 3호점을 오픈할 수 있지만,
1, 2, 3호의 순이익으로 4호점은 1.5배 빨라지고 1, 2, 3, 4호점의
순이익으로 5호점은 2배 빨라지게 된다. 투자 시기가 지금 아니면 안
될 것 같아도 매출의 50% 이내의 안정적 투자를 반복적으로 쌓여가
면 복리 효과처럼 100호점, 1,000호점의 선순환이 이루어져 어느덧
전국적 · 세계적으로 확장될 것이다.

• 100일 비상 경영 원칙

우리는 1, 2호점 모든 직원들이 모인 자리에서 100일간의 비상 경
영을 선포했다. 그리고 이 책을 필독한 후 한 가지씩 실천했다. 임직원
들의 마음가짐이 달라졌음은 물론, 생각을 통일시켜 추진해야 하기에
더 이상 미룰 수 없었다.

모든 경영 방법을 공유하고 생각을 통일하여 100일간 비상 경영하였더니 어느덧 적자에서 흑자 체질로 바뀌어 조직이 활기를 얻을 수 있었다.

• 1090 재분배 원칙

완벽하진 않아도 비교적 성공적인 경영법은 반드시 존재한다. 그것이 우리가 개발한 시급 경영 시스템이다. 그리고 이 '시급 경영'을 대한민국 중소기업의 표준 경영법으로 만들어 일본의 교토식 '아메바 경영'과 미국의 '성과연봉제 경영'을 뛰어넘어 국가적 · 민족적 경쟁력을 위해 끊임없이 개선해야 한다.

대한민국의 중소기업 소상공인들의 대표적 경영 시스템인 '시급 경영' 시스템으로 우리보다 더 뛰어난 기업들이 끊임없이 탄생해야 한다. 98% 국민들의 직장이 작지만 강한 대한민국, 대기업, 공무원보다 작은 기업이 더욱더 매력적이고 무한하게 창업할 수 있는 대한민국을 만들어야 한다. 그 어떤 나라보다 강한 대한민국을 만들어 여러 주변국의 눈치만 보는 대한민국이 아닌, 우리가 주도하여 세계를 움직이는 대한민국을 만들어야 한다.

2040년, 약 20년 후 대한민국

20년 뒤 대한민국은 놀라운 고도성장과 더불어 G7 국가로 성장해 있을 것이다. 중소 벤처기업 소상공인 조직의 르네상스 시대가 열리고, 98% 작은 조직의 천국이 되었다. 가장 창업하고 싶은 국가, 가장 살고 싶은 국가뿐 아니라 국민 만족도 1위의 국가라는 명성을 얻고 있을 것이다.

강성 노조 국가라는 오명은 온데간데없고, 노조라는 단어조차 사전에 없어진 지 오래다. 모두 같은 곳을 바라보고 있는 임직원으로서 사회적 대가족주의의 새로운 문화가 뿌리 깊게 펼쳐지고 있다.

남들과 비교하는 삶, 다른 국가와 비교하는 삶이 아닌 국민 스스로 행복한 삶, 더불어 잘사는 사회, 대한민국 국민으로서의 자부심이 그 어느 때보다 높아진 것이다. 대한민국에서 태어났다는 이유 하나만으로 스스로에 대한 자부심과 가치, 그리고 삶의 질 자체가 비교할 수 없을 만큼 높아지고, 과거 20년 전에 만연했던 정치 따라 하기식 후진국형 전략을 버리고 우리나라만의 고유의 문화와 성공 시스템이 무한하게 창출되고 있다. 다른 나라에서 우리의 성공 시스템을 배우기 위해 우리나라를 방문하느라 분주하다.

작지만 행복한 가족 조직. 작지만 튼튼한 중소 조직. 작지만 건실한 국가 조직. 이 세 가지가 하나 되어 국민들은 20년 전과는 전혀 다른 삶을 살고 있다. 그리고 그 크고 작은 성공 스토리가 또 다른 조직으로 전달되어 100년 후의 미래가 무한하게 밝은 나라가 된다. 서로를 비교하고 험담하여 뺏고 빼앗기는 문화는 없어지고 함께 상생하고 같은 곳을 바라보는 문화로 도의적·법률적으로 모든 시스템이 갖추어지고 있다. 더 이상 과도기적인 대한민국이 아닌 작은 조직이 강한 절대 쓰러지지 않는 강소 국가가 되었다. 더욱이 남한과 북한은 통일이 되는 겹경사를 맞이했고, 중국과 일본, 러시아, 미국, 동남아의 지리적·문화적 중심지인 통일된 대한민국은 무한하게 성장해나가고 있다.

2040년 1월 1일. 앞으로의 20년은 G2 국가로서 새롭게 도약하자고 대통령이 신년사 비전을 선포한다. 통일된 대한민국은 정치, 경제,

사회, 문화, 안보 등 어떤 분야에서도 국민의 꿈을 달성하는 방법을 구체적으로 알려주고, 그 어떤 국가보다 핵심 국가로 발돋움하고 있다.

경제성장률은 단순한 비교 수치의 함정일 뿐, 피부에 느끼는 국민 체감 성장 지수, 행복 지수는 끊임없이 높아지고 있다. 과거 수십 년 동안 이어져 온 부정적·갈등적·이기적 문화는 개선되고, 우리의 후손과 미래를 위해, 시민과 국가가 사회적 합의체와 시스템을 접목해 상생하고 있다.

1020세대의 일률적 대학 입시 교육 시스템은 온데간데없이, 작은 꿈 하나만으로도 전문화되고 성공할 수 있는 학생들로 넘쳐난다. 가장 인기 있는 직업은 다름 아닌 중소 벤처 소상공인 조직으로, 그들과 함께 작은 조직에서 꿈과 열정을 함께 만들고 싶어 한다. 20년 전, 2020년 가장 취업하고 싶은 공무원, 대기업 조직은 이제 취업 선호도에서 가장 후순위로 밀릴 만큼 인기가 없어졌다.

3040세대의 결혼 생활과 사회생활은 늘 일과 가정의 양립을 위해 8.8.8법칙으로 하루 24시간을 계획적으로 살 수 있는 문화가 보편화되었다. 즉, 꿈과 자아를 찾기 위한 8시간 일과, 가족이나 개인적 시간의 8시간, 여러 스마트 기기들로 잠 못 잤던 시대가 아닌, 8시간 꿀잠까지, 그 어떤 국가도 시도하지 않는 문화가 우리 대한민국에서만 펼쳐지고 시행되고 있다. 대학만 졸업하면 공부를 안 하고 책을 멀리했던 문화는 중소 조직 내 평생 캠퍼스 문화로 시공을 초월해 배움을 즐기는 문화로 바뀌어갔다.

5060세대 치킨/커피 창업 붐은 온데간데없고, 젊은 창업자들에게 더 나은 가치의 노하우를 주기 위한 문화가 보편화되어 갔다. 20년 전 퇴직 후 생계형 창업을 했던 시대와는 달리, 그들의 현명하고 바른 생각의 지식 문화를 젊은 세대에게 전파하는 삶과 7080세대를 돌보는 삶이 대세를 이루고 있다. 초고령화 시대에 맞게 7080 부모 세대와 3040 자녀 세대가 상생하는 브레인 역할을 맡고 있다.

7080이상 노후의 삶은 늘 외롭고 고독한 삶이 아닌, 언제나 그들이 꿈꿔왔던 국가와 사회 그리고 손자, 손녀들을 보는 맛으로 하루하루가 즐겁다. 과거 국가에서 무조건 주었던 복지 정책은 없어졌지만, 쉽고 간단한 일을 함께함으로써 돈을 벌기 위함이 아닌, 즐거움과 재미 그리고 자아를 위해서 일하는 문화로 바뀌어 갔다. 또한 삶과 죽음에 대해서 성찰하고 건강이 허락하지 않으면 요양 보호자가 든든히 보호해주는 시스템으로 버킷리스트를 실천해가며 삶의 마무리를 준비하고 있다.

2040년 세계적으로도 유례가 없는 대한민국만의 행복한 이야기가
무한하게 펼쳐지고 있다.

과거, 20년간 단 한 번 옷깃이라도 스쳤던 소중한 인연에게!

사랑하는 가족부터 학창 시절 동료와 스승들, 시급 생활 지인 선후
배들, 경영생활 중 함께했던 많은 임직원들, 그리고 나를 늘 도와준 협
력 업체들, 단 한 번이라도 옷깃만 스쳤던 소중한 사람들, 얼굴 모르
는 저자 수천 명, 문득 지금까지 저장 번호를 보니 2만여 명이나 된다.
번호를 모르는 사람까지 수만 명은 족히 되겠지만 그들 모두의 이름
을 이 책에 기록하지 못한 점은 미안할 따름이다. 옷깃만 스쳐도 인연
이고, 상대를 생각하는 것만으로도 인연이듯 나를 알거나 알아봐 주
는 사람들, 나에게는 그들 모두가 소중한 귀인이다. 나의 부족함으로
나를 떠났든 비판하든, 나를 찾아 배우든 존경하든, 이 모든 것은 나에
대한 관심과 사랑이기에 겸허히 감사할 따름이다. 그들이 있었기에
지금의 내가 존재하듯, 늘 변치 않는 관심과 사랑으로 존경과 감사를
표하고 싶다. 그리고 이 책을 그들과 함께 공유하고 싶다. 우리의 작은

스토리뿐 아니라 더욱더 많은 성공 스토리가 나왔으면 하는 바람이다. 내가 대단해서 책을 집필한 것이 아니라, 과거의 모든 귀인들이 있었기에 이 책을 완성했고, 그들의 작은 언행 하나라도 영감으로 받아들여 책이 나오게 되었기에 다시 한 번 머리 숙여 감사드린다. 과거 모든 인연이 귀인이 되어 나를 이만큼 성숙시켰고, 그 성숙을 토대로 미래의 소중한 인연도 함께 만들어갈 것임을 확신한다.

내 곁의 모든 귀인들께 이 책을 선물합니다.

미래를 함께 만들어갈 또 다른 나의 반쪽에게!

20년간의 나만의 휴식처는 언제나 도서관이었다. 그 바쁜 시급 생활, 경영 생활을 하면서 주말 나만의 위로 공간이 되기도 했고, 여름휴가를 보내는 휴식 공간이기도 했다. 누군가는 보기에 불쌍하고 딱해 보이고 안쓰러워 보일지라도, 나만의 도서관 여행은 그 누구보다도 행복하고 따뜻하고 시원하며 아름답고 즐거웠다.

독서와 집필은 나를 만나는 시간이다.

나의 뇌를 우주와 일치시키며, 그 우주 속 나를 찾아가는 과정이다.

광활한 우주의 힘, 뇌의 힘, 생각의 힘, 그리고 무한한 능력을 찾아가기 위해, 도서관 속 우주 여행을 즐겼다.

도서관의 책들은 그간 나를 설레고 기쁘게 했던 '그녀'였다. 새벽 2시부터 이어지는 경영 일이 끝나면, 저녁 퇴근길에 그녀를 만나러 뛰어갔다. 설레는 마음으로 우리의 약속 장소로 뛰어갔다.

너무나도 보고 싶기에, 너무나도 간절하기에 그녀를 만나고 싶어서 자다가도 눈이 벌떡 뜨였다. 때론 잠이 오지 않을 때도 그녀를 만날 설렘에 나는 늘 행복했다.

사실 현실의 그녀를 만나기엔 나는 우물 안의 개구리였다. 그러나 결혼정보 회사에 등록하려던 비용과 사진을 먼저 책에 투자하기로 마음먹었다. 난 스스로 새로운 인생을 찾기로 했다. 나를 알릴 수 있는 방법은 내 생각을 책으로 집필하는 방법밖에 없음을 알고 미친 듯이 연애하듯 원고를 썼다.

나의 부족함을 채워줄 수 있는 사람, 같은 곳을 바라보며 꿈을 함께 만들어갈 수 있는 사람, 내가 그토록 기다렸던 그녀는 아마 멀리 있지 않을 것이다. 내 자신이 더욱 변화되고 더 겸손해져서 이제 그녀를 만날 준비를 하고 싶다.

그리고 그녀를 만나기 위해 그녀에게 들려주고 싶은 이야기를 위해 오늘도 도서관으로 뛰어가서 집필을 마무리해야 한다. 누구는 미쳤다고 말하기도, 누구는 한심하다고 말하기도 하지만 나는 늘 즐겁고 행복했다.

100만 명의 독자를 위해서 탄생한 책이 아닌 오직 1명이 될 나만의 반쪽에게 쉽고, 진실되게 내 마음이 표현됐다면 그것으로 만족한다. 비록 서툰 글쓰기 실력이지만 하나씩 배워가며 나의 첫 번째 책으로 그녀의 마음을 얻는다면 그것으로 만족한다.

2018년 무술년, 나만의 집필 여행을 마치고 새해를 맞이하고 있다.

어느 순간 나타날 그녀에게 이 책을 바친다.

대한민국
시급 전쟁